班级高效管理的研究与实践

主　编　陈密芝

副主编　徐明森　梁　健

中国海洋大学出版社

·青岛·

图书在版编目（CIP）数据

班级高效管理的研究与实践 / 陈密芝主编 . —青岛：中国海洋大学出版社，2022.11

ISBN 978-7-5670-3321-4

Ⅰ.①班… Ⅱ.①陈… Ⅲ.①小学－班级－学校管理 Ⅳ.①G622.421

中国版本图书馆 CIP 数据核字（2022）第 211254 号

BANJI GAOXIAO GUANLI DE YANJIU YU SHIJIAN

出版发行	中国海洋大学出版社	
社　　址	青岛市香港东路23号	**邮政编码**　266071
网　　址	http://pub.ouc.edu.cn	
出 版 人	刘文菁	
责任编辑	张　华	
印　　制	青岛中苑金融安全印刷有限公司	
版　　次	2022年11月第1版	
印　　次	2022年11月第1次印刷	
成品尺寸	170 mm×240 mm	
印　　张	8.25	
字　　数	148千	
印　　数	1～1000	
定　　价	42.00元	
订购电话	0532-82032573（传真）	

发现印装质量问题，请致电0532-85662115，由印刷厂负责调换。

编委会

前 言
PREFACE

逐梦前行，共赴未来

蝉在叶间吟唱，风在空中细语。我们在青岛市名班主任工作室这个平台遇见，从此踏上新的教育征程。

我们志于学。我们清楚地认识到：学习才是提高自我的第一要义。向书本学——广泛阅读，笔耕不辍，书写自己的故事；向专家、榜样学——积极参加各种培训活动，静下心认真聆听，自觉体悟，汲取营养，武装头脑，改进行为，以他人的智慧之光照亮自己的成长之路，在思维碰撞与思想融会中，互学互鉴。通过学习规划自己的学习行为，这是成长的捷径之一。

我们笃于行。能和岛城名班主任们"谈经论道"，能和优秀青年班主任们共同成长，幸甚至哉！在追梦的路上，发现自己、发展自己、成就自己，努力成为学习型、行动型、研究型班主任，让生命的样态更加饱满而有质感。

"诗意地栖居在教育的田野上深耕细作"是我们工作室永恒的教育追求。爱在左，责任在右，走在生命的两旁，随时撒种，随时开花，将教育的旅途点缀得花香弥漫，让每一个学生的生命灿然绽放。这是我们工作室每一位成员的美好愿景。

好风景在路上，只要行动，就有收获。三年来，依托工作室这个平台，我们丰富了班主任专业发展的内涵，班级管理水平有了更大的提升。如何促进班级高质量发展是我们一直探索的课题。在实践中我们发现：高效管理是实现这一目标的一把钥匙。我们将日常的点滴做法记录在这本书里，让自己的成长"看得见"。本书分为四篇：带班方略、育人故事、主题班会、读书学习。这是我们成长路上采撷的芬芳，也是扎根班级管理工作一线的班主任们的所思、所感、所得，是见证彼此成长的美好记忆。相信，本书会为耕耘在一线的班主任们尤其是青年班主任们的成长和班级管理带来很多启发。

成长，永远在路上。让我们逐梦前行，共赴未来。

在此，非常感谢青岛市教育局的关心和引领，感谢青岛胶州市三里河小学负责人徐明森的大力支持，感谢工作室合作校——青岛胶州市正北小学负责人梁健的真诚帮助，感谢参与本书编写的全体成员！

由于编者水平所限，书中难免有不足之处，恳请广大同仁批评指正。

陈密芝

2022年1月

目 录

CONTENTS

第一篇　带班方略

第二篇　育人故事

第三篇　主题班会

第四篇　读书学习

后记　教育是一首诗

带班方略

小学低段学年班级计划

"凡事预则立，不预则废。"计划让工作有了方向与目标，有了流程与准绳。一个班级能够有条不紊地运转，需要多方面的助力，更离不开班主任的协调平衡。例如，融入学校活动，平衡各科教师情况，促进学生身心健康发展，应对班级突发状况，进行有效的家校沟通。作为一名工作十年的班主任，我始终不忘初心、牢记使命，做好教书育人的本职工作。

一、班情分析

面对刚入学的小学生，我看到他们天真的笑容、活泼的身影，听到他们稚嫩的声音，心中总是充满爱意。对于他们，建立常规意识、养成良好习惯最为重要。

二、班级目标

1. 熟悉环境

在新的环境中，应尽快使学生、老师之间彼此了解、相互熟悉。小学新生刚刚踏入校园，一切都是新的，校园和教室是新的，老师和同学是新的，学习内容是新的，到处都是新鲜与挑战。

2. 共建规则

无规矩不成方圆，良好的班级发展离不开统一的规则，规则的建立需要全体师生的共同参与，让学生感受到自己是班级的小主人，每个人都有权利和义务为班级建言献策，为班级发展努力，让自己的班集体更加团结奋进。

3. 家校共育

要了解家长，取得家长的认可与配合，为班级尽快步入正轨助力。要与家长有效沟通、达成共识，让家长放心、安心，家校形成教育合力。

三、实施安排

1. 熟悉环境

这里的环境包括校园环境、班级环境、人际关系等。可组织游园活动，以导游的角色带学生参观校园，包括教室、各活动室、卫生间、餐厅、宿舍、操场、体育馆、卫生室、种植园、小花园等，让学生熟悉环境并了解注意事项。结合参观，为他们讲解校园文化，让他们了解校训"思河之源，聚合之力、成和之美"以及学校主要的陶艺特色等。板报作为一个宣传窗口，会时时更新，让学生了解黑板报、荣誉榜、作品展示栏等主要栏目，展示班内优秀的作品，统计每个学生的各方面表现，起到督促共勉的作用。

2. 制定班级常规

全班参与班级常规的制定，这样可以督促学生按照规则办事，有章可循。

品德方面。学生们团结协作，互帮互助，平时相处和谐融洽，集体荣誉感强，学习态度积极。

每周的升旗活动是对学生进行形象具体的爱国主义教育，通过这种形式可以激发学生热爱祖国和人民的情感。

常规方面。全班值日分工、责任到人，增强小组意识。卫生委员负责监督卫生习惯不良的同学，做好记录并及时向老师汇报。

课间操是保证小学生坚持锻炼的重要措施。做课间操时班主任应坚持跟班指导，要求学生做到精神饱满、姿势正确、动作符合节奏，做操完毕听口令整理好队伍，依次返回课室。

确定班委。让学生自荐出临时班委。班委是老师的帮手，应尽早确定。

组织放学是班主任不容忽视的一项工作。小学生在经过半天或全天的紧张学习后，离校时情绪变得激动，行为举止也容易失控，在放学途中常会相互追逐打闹。为了防止意外事故的发生，班主任必须抓好放学环节的教育，强调纪律。

3. 建立健全评比制度

建立全方位量化评比栏。定期评选优秀小组并对每个小组的学习、纪律、卫生情况进行评比，鼓励学生团结合作，培养集体荣誉感。

常规教育切忌时而强化，时而放纵，"三天打鱼，两天晒网"是养不成好习惯的。教师之间要共同配合，要求一致，形成合力。

4. 大胆放权班委

班主任要充分相信班委的领导潜力，要敢于放手、大胆放权，班委的组织作用才能得以发挥。

四、尊重学生个性

1. 尊重学生的个性，意味着教育本质的回归

个性是人才培养的客观依据。早在两千多年前孔子就提出了"因材施教"

的教育思想，提倡尊重学生个性与个性发展。要注意克服教育中的完全趋同倾向，发展学生的个性，这是教育的出发点。

学生的差异既源于智力因素，也源于非智力因素。只有正视学生个性差异，尊重差异、研究差异，才能真正做到面向全体学生，促进全体学生的发展。如果在教学中不顾学生的实际情况，刻板地施以同样的教学内容和教学方法，可能会造成大多数同学不适应。教师在备课时要充分了解学生的学情，主要包括学生的兴趣爱好、知识基础、技能专长、学习能力、个性差异等静态学情；在课堂上要准确把握学生的动态学情（即现场学情）。动态学情是指具体教学中学生学习的实际情况，主要指学生在课堂中表现出的内在需求等。教师要根据动态学情及时调整备课时预设的教学内容和策略，依据学生的实际需要进行施教，找准切入点，促进生长点。

2. 赏识的眼光不能少

作为班主任，我们应该努力做到像朋友一样，重视、欣赏学生，学会倾听学生意见，接纳他们的感受，包容他们的缺点，分享他们的喜悦。被尊重是学生内心的需要，是他们进步的内在动力。当一个学生被你认同、得到尊重后，他可能会有令人惊喜的表现。

3. 允许学生犯错误

人是不可能不犯错误的，要正确认识错误、改正错误。对于自控能力较差的学生来说，犯错误更是难以避免。教师应该包容他们，努力帮助他们培养辨别是非的能力，让他们认识到错误并改正。所以，当我看到学生犯错误时，我总是尽量淡化，保护他们的自尊心，以便更好地开展教育。在平时我会包容他们的不足，上操时有的同学说话，我就慢慢走到他的身边站一会儿，他就会明白自己做错了。课上谁搞小动作我很少直接点名批评，而是用目光告诉他应该认真听讲。长期下来，我和学生彼此理解，师生关系越来越和睦。

4. 主题班会的开展

主题班会的重要意义是不言而喻的，可结合各大节日内容和学校主题活动内容进行。

五、做好家校沟通

没有合格的家长，就没有完整的优质教育。家长也是教育者，要取得家长的配合，听取家长的意见。在沟通时，应注意说话的方式，尽量站在家长的角度考虑问题，晓之以理，动之以情。在开展班级工作时，取得家长的支持与配合，教育效果必定事半功倍，班主任的工作也会轻松不少。家长要成为孩子的榜样和知心的朋友，遇事不要以批评指责的口气交流；要和孩子一起阅读，为孩子打开更广阔的世界。

六、新学期班级课程

班主任是学校德育工作的中坚和骨干，是使各种力量形成教育合力的纽带，是沟通学校、家庭、社会三种教育渠道的桥梁。班主任必须关注社会、关注学生，对来自各方面的种种信息进行鉴别、筛选，给予正确的指导，最大限度地增加社会影响和家庭影响的可控性。班级管理工作是一门艺术，我们在工作中应努力借鉴新经验，充分发挥班主任的教育作用，引导学生健康成长。

胶州市三里河小学　杨君晗

小学中段学年班级计划

新的学年悄然而至，教学工作又拉开帷幕。在新的教育背景下，作为一名小学班主任，我需要面对新的挑战，开启新的工作模式。因此，特制订以下班级计划，指导本学年班级工作的方向。

一、班情分析

全班共有47名学生，其中男生25人，女生22人，总体来说班风正、学风浓、班级凝聚力强，学生的生活态度和学习态度阳光积极、拼搏奋进。三年级的学生年龄还偏小，而且班里男生较多，在日常管理中，纪律、学习、书写等各方面的问题屡见不鲜，有待于针对班级情况制定一套切实可行的班级管理规定。

二、班级目标

1. 总目标

每个学生都有梦想，让班级充满正能量。

2. 具体目标

（1）加强思想品德教育，培养学生爱国、爱党、爱人民的情感以及善良正直、勤俭节约的传统美德。

（2）扎实开展心理健康教育活动，让每一个学生心态积极、阳光地学习和生活，打造团结向上的正能量班集体。

（3）开展公益活动，鼓励学生多参与社会实践。

（4）规范安全、纪律、卫生、礼仪、学习等各方面的常规要求，建设优秀班集体。

（5）创建和谐家校关系，为学生成长助力。

三、具体实践

1. 关于思想品德教育

思想品德教育的主阵地是主题班会，要加强学生良好品质、良好行为习惯的养成教育，以学校提倡的"有序路队""文明课间"等为训练内容，以"立人星光榜"评价为抓手，引导全部学生参与，强化学生的规则意识，提高学生的自我管理能力。每周确定一个主题展开讨论，通过形式多样的班队会形式，寓教于乐，达到教育的目的，同时，把德育渗透到日常工作中。此外，在学雷锋活动日、妇女节、清明节、儿童节、端午节等各个节日积极开展实践活动和思想教育，带领学生通过各种形式参与活动。

2. 关于心理健康教育

注重学生身心健康发展，开展心理健康教育课、心理健康团体活动，关注特殊家庭（单亲、留守、经济困难等）的学生。在班级管理中，多方位、多角度涉及心理健康教育，开展一系列活动，通过积极暗示、正面引导和考前心理疏导等措施帮助学生。

3. 关于素质教育

注重学生的身体健康。每天坚持带学生走出教室，走上操场。利用晨读之前的时间，带领学生跑步；课间操争取以最快的速度奔向操场，增加几分钟的锻炼时间；同时利用课后延时时间，加强锻炼。鼓励全班学生报名参加社团，学习一技之长，并积极参加各种比赛活动，增加经验。同时，借助学雷锋活动，充分调动学生学习雷锋精神的积极性，培养其志愿服务精神，通过植树、敬老等活动，让善良和助人的美德深植学生心灵。积极参加学校政教处组织的志愿服务活动，也鼓励学生参加社区组织的义工志愿队，让学生在志愿服务的过程中，形成良好的品德，提升自身综合素质。

4. 关于习惯养成

"班级一日常规"的设立有利于学生好习惯的养成。例如，学生们每天的"晨诵、午练、晚阅读"，早已形成习惯。晨读时间，每天一名学生轮流当小老师，带领大家诵读国学经典或课文；午练时间，书法小班长布置练字任务，每天一练，练完收齐练字纸，选择优秀作品上墙展示，比比谁的书法作品上墙多，带动全班同学认真书写；每晚进行课外阅读并坚持写读书笔记。

此外，定期布置卧室整理、书桌整理、书包整理、课桌整理等任务，极大地提高了学生的分类归纳能力、动手操作能力和自理能力。

5. 努力建设优秀的班集体

让每个学生都有归属感、安全感，感到学校、班级是温暖的家，都能够性格健全、心理健康。响应学校开展的"一班一品"活动，创建班级文化，打造环境整洁、行为规范、学风浓厚、个性突出的班级，争做优秀班集体。

6. 关于家校合力

定期开展家长沙龙活动或者小型专题家长会，有针对性地对家庭教育各个方面进行探讨交流和指导。为家长们提供切实有效的帮助，这是家校沟通的一个关键点，家长们从中受益，再应用到家庭教育中去，学生在成长过程中获得父母的有力支持，这就达到了家校共育的最终目的，家校之间真正做到了互相理解、互相支持。

胶州市第六实验小学　冷晓莉

小学高段学年班级计划

一、班情分析

本班有42名学生，男生22人，女生20人。男生活泼有余、自律性不足，女生多文静内向。有单亲家庭学生4人，有生活困难学生2人，有学习困难学生9人。大多数学生思维活跃，能认真完成作业，有一定的合作意识和竞争意识，但也有少数同学学习意识不足，没有良好的学习习惯。大多数学生能做到热爱班集体，积极向上，有较强的集体荣誉感。但部分学生自私、虚荣心强、盲目自满。总之，本学期我将从常规习惯养成入手，用常规促学风，用习惯提成绩。

二、班级目标

总目标：落实"态度决定一切，努力才有收获"的班训。

具体目标：我为集体，集体育我。

（1）加强一日常规管理，抓好路队、早读、课间操、眼保健操、午自习、课前歌以及托管等各种常规管理。

（2）积极参加学校组织的各项活动，积极开展少先队活动和主题班队会活动，把教育工作放在重点位置，力争教学质量上新台阶。

（3）加强学生学习习惯的培养：写字习惯，听课习惯，作业习惯，作业上交习惯，订正习惯。

（4）加强学风建设，培养学生学习兴趣，明确学习的重要性，注重学习方法指导，提高学习效率，争取学科质量有所突破。

（5）加强班干部培养，明确分工，建立一支有进取心、能力较强的班干部队伍，增强班级凝聚力。

（6）进一步培养学生良好的行为习惯和学习习惯，形成良好的学习风气，提高学生的学习成绩。

（7）加强与家长的联系和沟通，与家长密切配合，关心爱护每一位学生。

（8）完善班级管理制度，形成积极、好学、和谐的班风，做到"人人有事做，事事有人做"，凝聚各方力量，提高班级整体水平，争创文明班集体。

（9）协调好与其他任课老师的关系，共同促进学生进步。

三、实施细则

本学期，我主要从"一个中心，两个基本点，三个落实"方面入手开展教育教学工作。

1. "一个中心"

"一个中心"就是确立班级管理的灵魂——班训。开学之初，学生们往往踌躇满志、信心十足，想要在新的学期、新的班级里努力表现，这对于班主任来说是良好的教育契机。所以开学第一课就是确立好班训，解读班训。本学年我初定的班训是"我为集体，集体育我"，要求学生以班训为准绳要求自己的一言一行，树立集体观念，增强班级的凝聚力。

2. "两个基本点"

（1）积分管理，细化落实。完善班级管理积分细则，充分发挥评价机制的激励作用。个人积分与小组积分捆绑评价，以强化学生的集体意识，增强评价的约束力。

班级积分管理由班长负责总记录，小组长分级管理，每天一汇总，涉及学习、纪律、卫生、文明礼仪等方面。

（2）以学校大目标为基本点，创新开展班级活动。在"双减"的大背景下，学校在课程开设、课堂考核、课后辅导、课后作业等方面都做了相应的调整，我们会严格按照学校规定进行班级管理，同时鼓励学生积极参加学校组织的各项活动，培养学生的能力，增强学生的集体荣誉感。

3. "三个落实"

（1）落实责任制。一是实行值日班长轮流制。班干部的组织领导作用发挥得如何，往往会直接影响到班级的凝聚力和班级的学习氛围。班干部是班主任的得力助手，是协助班主任进行班级管理的左膀右臂。因此，班干部要用心协助班主任组织开展各项活动并积极参与校园组织的各项活动。实践出真知，活动长才干。开学初通过竞选方式选举产生新一届临时班委，为班级快速有序运转提供保障。采用值日班长轮流制辅助老师管理班级，其他班委各司其职，开展相应的工作，带动全班同学认真学好每一门功课，搞好各项活动。二是实行班级团队责任制。小组管理是积分制的重要管理方法，每个小组由组长、副组长自主管理，组内同学的表现采用积分制，6人的积分决定小组的排名，排名前三的小组可以适当给予奖励，小组成员共同进步。三是实行岗位责任承包制。在班级里实施"责任田计划"，"人人有事做，事事有人做"，让班里没有"闲人"。开学初将班级事务具体分配到每一个人，每项任务根据责任程度分割出不同分值，每个人既是管理者，又是被管理者。班主任老师要将分工情况公示张贴，督促学生有效落实。四是反馈机制日常化。设立"悄悄话"和值日班长日志、班级日常管理反馈表等反馈机制，努力完善日常管理。

（2）落实学生管理。被尊重是学生内心的需要，是学生进步的内在动力。对来自单亲家庭、离异家庭、贫困家庭、残障家庭、外来和外出务工家庭的学生给予最大关注，让他们感受到集体的关怀和温暖，保证他们的身心健康。继续完善特殊学生登记表，建立特殊学生帮扶专档，让特殊学生也能得到良师益友的帮助和照顾。

（3）落实家校共建。家校合育，和而不同。学生的进步来自家庭的精心培育和学校的精心浇灌。家庭教育是基础，学校教育是儿童成长的土壤，只有建立良好的家校合作机制，使学校教育与家庭教育同频共振、形成合力，教育才能成功。

青岛西海岸新区铁山学校　郑玉玲

多措并举，提高学生自主管理能力

苏霍姆林斯基说过，真正的教育是自我教育。英国教育家斯宾塞也指出，教育的目的应该是培养一个能够自治的人，而不是一个要别人来管的人。学校对学生的管理不应是老师约束学生，而是让学生自我约束、自我改进，并在学校教育活动中得以积极、主动、健康地发展。从教20年来，我一直担任班主任工作，2020年，我有幸加入陈密芝名班主任工作室，在陈老师的引领下，我坚持读专业书籍，结合教学实践不断反思，写教育手记，在班级工作中加强学生自主管理，使班主任工作朝着更专业化的方向发展，让自己班级管理工作的特色更加鲜明。

一、实行岗位责任制，培养学生的主人翁精神

管理是靠人来完成的，班级管理的关键在于用人。很多班主任抱怨一个人管几十个学生，忙得焦头烂额，感觉力不从心。这种情况往往是班主任老师忽略了学生的存在。班级是学生的班级，学生在自己班级里能当家作主，就会有主人翁意识，就会积极参与到班级管理中来。

读了魏书生的《班主任工作漫谈》后，我开始仔细研究班级岗位责任制。所谓班级岗位责任制，即班级管理过程中人人有事做、事事有人做，让班级日常管理的各项事务落实到全班每一个人身上。这一制度的实施，将班主任从繁杂的班级事务中解脱出来，也提高了学生的自主管理能力。

1. 管理岗位责任制

班级需要设立的管理岗位主要有班长、副班长、学习委员、体育委员、卫生委员、生活委员、宣传委员、文艺委员、科代表、各小组长等。其中体育委员设立男体育委员和女体育委员，间周轮流上岗，有事及时替岗；科代表和小组长也是班干部的重要成员，科代表主要跟科任老师、学习委员、班主任和其他同学交接，是保证全班同学学业达标的重要责任人；各小组长主要跟各科代表、劳动委员、班主任和小组同学交接，是班级作业、纪律、卫生等达标的重要主力军。

各管理岗位工作职责要求具体化，分管哪些事要明确，班主任要定期对班干部进行指导和培训，不断提升他们的管理水平。让学生参与班级管理，做班级的小主人，可以充分调动他们管理班级的积极性和主动性，让他们在履行好自身职责的同时还能创造性地开展工作，使班级管理收到良好的效果。

2. 卫生承包责任制

班级卫生管理工作是班主任工作中一项既烦琐又重要的任务，是教育学生养成良好习惯的重要方式。一个班级的整体情况怎么样，从其卫生就可以管窥一斑。因此，班主任一定要重视卫生管理工作，营造一个干净的学习环境。

我把班级卫生区域进行详细分工，全班42名同学都有明确的卫生区域，人人有事干，事事有人干。安排其中两名同学做"替补队员"，班级卫生打扫工作中的一些临时任务，"替补队员"可以及时补空，避免任务无人派遣。另外，每天还设有卫生组长和检查员，负责协助卫生委员在早读前、课间操、午休前、放学后等时间点监督每个岗位的落实情况。

这样，学生明确职责，增强了班级工作责任感，减少了工作时当场分配任务的互相推诿或攀比现象，节省了完成劳动任务的时间，提高了学生完成所承包任务的熟练程度。

二、把握进退力度，培养班级骨干

放手让学生管理班级，应该是班主任有计划地逐步退出的过程，只有这样，班干部的能力才会得到有效提升。从我个人的经验来看，可以分两步走。

一是退出思考区。一件事情，以前是老师想好怎么做，然后交代相关班干部完成。班干部都是无条件执行，没有自己思考的空间。现在可以把事情直接放手交给班干部，让他们自己考虑如何处理，相互讨论交流，最后把方案汇报给班主任，班主任修改并确定最后方案。

二是退出决策区。老师把事情真正交给班干部，由他们负责制订方案，老师可提出建议和意见，最后班干部负责完善并公布方案，这就可以兼顾到班干部统筹、决策、执行等各方面能力的锻炼了。

三、运用科学评价，增强学生自律能力

在日常教学中，老师对学生的评价可谓至关重要，评价的方式方法更是一门艺术，运用得当，能引导学生全面健康发展。

1. 关注"点线面"，谋划"近中远"

我们班级的评价制度涉及学生个体、小组团体以及班级整体，即"点线面"，每天会以积分量化的方式记录学生的表现，用面向个体的免作业卡、面向团体的小组照片墙展示、面向班级的惊喜奖励等形式，激励学生在不同方面积极进取。

我班结合积分情况进行"小蚂蚁班级"特色奖励，以个人激励为例，每周一小结上周表现并进行奖励卡的颁发，每月据此进行"小蚂蚁之星"评比，每学期进行"最美小蚂蚁"表彰，促使学生树立阶段性目标。

2. 多维评价，全面发展

在"双减"政策的指导下，结合我班学生学情和特点，我梳理出一套基于"德智体美劳"五育并举的评价指标体系，以此作为学生多元日常评价的抓手。平常检测评比"学习标兵""学科状元""进步之星"等；学期末评比"文明学生""优秀少先队员""爱校护校好少年"等；运动会评比"运动明星""文明之星""投稿明星""啦啦队明星"等。每个奖项指标要求精准细致，并争取班级家委会的支持，设置相应的奖品，激励学生全面发展。

总之，在学生实现自我管理的过程中，教师应成为一个组织者和引导者，教育学生做管理自己的主人，促进学生主动修身、主动求知、主动发展。只要教师平等对待学生，期待学生的点滴进步，关注学生的闪光点，实施"以德育促智育"教育模式，就会对学生的思想产生积极的影响，促进他们逐步由他律改为自律，自觉增强责任意识，提高自身道德修养，由此，学生的自我管理能力也会逐渐提高。

胶州市三里河小学　吕小玲

学生自主管理，实现自我价值

一个优秀的班集体就是一个和谐的大家庭，需要这个班级的老师和学生全员参与、全员努力。班主任在班级管理中应重视班干部的培养：一是树立学生是班级管理主人翁的意识，让每个学生都能在班级中获得自我价值认同；二是班干部采用竞选制、轮换制，让每个学生都有机会得到锻炼，最终实现班干部的自主管理、民主管理。

一、培养目标

一是选拔和培养出一批热心班级工作、能积极主动为班级服务、对班级负责的优秀班干部。

二是选拔和培养出一批有一定的活动策划能力和组织管理能力，富有创新精神的班干部。

三是选拔和培养出一批能独立完成老师交办的工作任务，有敏锐观察力及处理各种事务的能力的班干部。

四是选拔和培养出一批在集体中能以身作则、起榜样带头作用，守纪律、懂文明、讲礼仪的班干部。

二、选拔

1. 干部初选

班级建立之初不宜急于建立班委会，此时的学生还没有完全适应新的学习、生活环境，班主任应该带领学生尽快适应新的学习生活，通过平日的留心观察和与学生谈话等方式加强对学生的了解。班主任通过平时对学生的了解及征求任课教师意见等，初步确立班干部的人选，并让他们在班级常规管理和各项活动中有自我表现的机会，帮助他们在同学中树立威信。待学生之间有了一定的了解之后，可以通过教师推荐、学生自荐的民主举荐方式，选出多名班干部候选人，然后在班级内进行竞选演讲，全班同学投票选拔出第一任班干部。

2. 班干部轮换制

班干部岗位采取轮换制，任期为一个月，任职期满就交给下一组轮值班干部，这样可使更多的学生得到锻炼机会。

三、培训

1. 技能培训

班级每月会召开一次班干部的专题培训会，有针对性地对班干部进行培训，培训班干部必须具备的技巧和能力，提高班干部的工作水平。可采用课堂讲授法、经验交流法、资料自学法等，让班干部在模仿中学习，在模仿中创新。培训主题包括班干部的职责、怎样当好班干部、班干部必备的能力、班干部自我管理能力的培养、如何创新性地开展班级工作等。

2. 设置例会制度

轮值班长召集本组班干部，总结每周工作成果，布置下周工作内容，表扬先进、督促后进，加强班干部组织观念，增强他们的责任感。班主任将班级工作中出现的问题摆出来，让班干部展开广泛讨论，充分评议，各抒己见，让他们互相学习、取长补短，集中群众智慧，提高班干部素质。

四、具体措施

1. 班干部轮换制

（1）定好岗位。根据本班情况，大致可定以下岗位：班长、副班长、学习委员、宣传委员、卫生委员、体育委员、纪律委员、生活委员等。

（2）培养核心。在开学初可选举出临时班委，负责开学后前几周的工作，待班委工作正常后实施班干部轮换制。

（3）分组与"组阁"。把全班学生分成几个小组，每个小组作为新一届的"内阁"负责一个星期内全部的班级工作。

（4）负责的范围和权限。小组中每一个班委，对任期内分管的班级工作都要有细致的记录，都要进行大胆的管理，每周结束后，对分管的工作都要在周一的班会上进行总结，针对所负责的工作要指出全班同学或表现突出的个人在行动上的优缺点和努力方向。在小组班委工作中，要给每个班委以奖罚权，让小组的每个班委及时表扬和奖励表现较好的同学，在任期内如发现同学的缺点和错误，要通过扣分等措施进行制止。

（5）职位互换。等到下一次小组再轮值时必须对原职务进行调换，从而有利于每个学生得到全方位的锻炼，同时也充分体现了机会均等的原则。

（6）对每一届班委会的基本要求。每一名班委都要恪尽职守，做好表率并努力提高自己，积极上进。做好纪律、卫生、学习等班级日常工作完成好老师交付的各项临时工作任务。

2. 学生是班级的主人翁

除了班干部之外，其他学生也都有自己的具体分工，这样班里每一个学生都有事情可做。比如仔细认真但不善于表达的同学，可以安排擦窗台、看护班里绿植这类安静的工作。教室的每个角落都有专人负责，即使小到一块小小的抹布，也有一位抹布管理员负责。

纪律方面有路队纪律队长、课间操纪律负责人、纪律班长等。在班干部管理的过程中，我要求他们以鼓励和奖励为主，比如，路队走得整齐有序，队长直接奖励1个奖励贴；路队中有礼貌地问好奖励1个奖励贴；路队中说话的，扣除5个奖励贴。学生渐渐养成好的习惯，班主任工作也会变得轻松。

五、评价

1. 述职

学期结束前，班干部需要就自己上任以来的工作情况、感想以及各方面的表现写好述职报告，由辅导员老师、同学做评委，对他们的述职情况进行投票。

2. 参与活动情况

班干部每学期至少参与两次中队活动的策划、组织、筹备、管理等工作。对每学期参与少先队活动少于两次的班干部，取消年度评优资格。对积极参与少先队活动，有创意、有热情、有思想的班干部，给予相应评优奖励。

3. 工作表现

考察班干部平日里是否能积极主动地参与中队管理。班干部要积极进行中队管理工作，对能创造性地开展工作、解决问题的班干部，给予相应评优奖励。

胶州市第六实验小学　刘润红

班级文化建设

一个班级就是一个小小的家，我们要努力经营好这个小家，让每个学生都能感受到家的温馨。特色班级文化建设对学生的熏陶和影响是潜移默化的，对学生的成长起着重要的作用。同时，丰富班级文化，可以更好地增强班级的凝聚力，营造浓厚的班级文化气氛，创造安静和谐的学习氛围，让班级成为学生温暖的家园。可以说，特色班级文化是无形的教育课程，具有一种潜在的教育力量。

一、指导思想

我以《中小学德育工作指南》和《关于培育和践行社会主义核心价值观的意见》为引领，通过班级文化建设，潜移默化地影响学生的行为，使他们形成一种良好的、自觉的行为习惯，提高思想道德水平。

二、总体目标

建立充满凝聚力、团结向上的班集体，形成积极进取、人人向上的班风。

三、具体做法

1. 环境文化

班中布置了以下陈设内容：国旗（前黑板正上方悬挂），校风（前黑板国旗两侧悬挂），"社会主义核心价值观"24字（墙面），《中小学生守则》（墙面），植物之家（窗台），卫生角，图书角，作品展示（北墙展板，每月更换一次），荣誉栏（后面黑板，每月更换一次），班级的班徽、班风、班训等（在班级墙面或是班级走廊的墙面粘贴）。

2. 班级文化

根据各班级实际情况，制定适合本班实际和彰显班级特色的班徽、班名、班风、班训、班歌、班级名片等。

注意事项：

（1）班名、班风等的制定要调动所有学生和家长的积极性，共同参与、共同讨论。

（2）人人要熟知自己班级的班徽、班名和班风等。

（3）班级文化建设的每一项要与班级建设目标紧密结合。

3. 制度文化

我们结合《中小学德育工作指南》的要求和《中小学生守则》的规定，并结合学校的规范来制定自己班级的班规。低年级班规的形式：儿歌、童谣。中年级班规的形式：班规三字经、班级公约。高年级班规的形式：每日常规、日常规范。为了落实班规，要建立班级的评价、评比方式，建议有记录、有反馈、有评优、有表彰。

班级中力求做到"人人有事做，事事有人做"，让每一位学生参与班级管理，制定岗位管理职责，让每个人明确自己的职责。

建立值日生岗位职责，规范值日生的管理，有记录、有评比、有总结。

班级文化是班级精神面貌的综合体现，充分发挥班级文化建设功能，能更好地提高学生的综合素质，有助于培养出身心健康、眼界开阔、乐观豁达的好少年。

胶州市三里河小学　吕小玲

弘扬正能量　誓做追梦人

作为一名小学班主任，我在上岗初期就意识到思想品德教育的重要性，不仅在每周一次的主题班队会上开展立德树人的各项活动，而且把德育渗透到教育教学中。

一、育人理念

从小被老师们善待，这让我学会了如何善待我的学生。工作将近20年，我一直爱生如子，真切关心着每个学生的身心健康、学习进步和家庭生活，让班里每个学生都能昂首挺胸、阳光自信。我始终坚信的育人理念就是：不论学生来自何种家庭，不论学生之间的个体差异有多大，都要让每个学生意识到——自己是独一无二的个体，思想上要"三观"正、志存高远，心态上要积极阳光、温暖正气，行动上要努力生活、认真学习，成长中要弘扬正能量，朝着自己的梦想不断前行，活出自己的精彩。

二、班情分析

我现在任教的班级共有47名学生，其中，男生25人，女生22人。总体来说，我们班班风正、学风浓，班级凝聚力极强，学生阳光积极、拼搏奋进。

1. 班风正

学生的性格方面，女生普遍比较大方有礼、温文尔雅，个别女生十分活泼外向；男生普遍热情开朗、有责任心，个别男生有些贪玩。

总体来看，在班级内部，学生之间能够和谐相处、团结友爱；男生尊重女生，女生欣赏男生；学习好的学生辅导学习有困难的学生。

2. 学风浓

班级学生都热爱学习，大家你追我赶，争优创先。他们比谁的晨读声音响亮，比谁的书写规范美观，比谁课堂听讲专注，比谁的思维活跃、举手积极……

3. 班级凝聚力强

每每学校里组织活动，全班学生都摩拳擦掌、积极参与，全班弥漫着一种为荣誉而战的热烈气氛。特别是校运动会，十几年来，我所执教的班级只要参加运动会，在同级部的积分中总是遥遥领先。究其原因，一是认真对待，我深知体育比赛会增强班级凝聚力，提升学生们的集体荣誉感，于是每次都积极动员，争取班级好成绩。二是加强训练，抓住一切可以利用的时间，让运动员们多训练，早晨到校后、上午课间操、每节体育课、下午课后延时都是好机会。三是心理暗示，每次上场前，我都会为运动员做心理疏导，缓解他们紧张的情绪，鼓励他们为班级增光添彩。

4. 态度阳光积极

受积极心理学的影响，我一直在家人、同事、学生之间传播正能量，努力做一个让学生喜欢的而不是惧怕的班主任。每个学生在我这里都能够得到不同角度的认可和鼓励，能自信地学习与生活；我注重激发他们的学习内驱力，让他们做任何事情都积极努力，热爱生活、热爱学习、热爱成长。

5. 家校关系和谐

我担任了十几年的班主任，与家长的关系总体来说非常和谐，沟通交流比较顺畅，家长们都积极配合和支持学校和班级的工作，有效促进了班级的管理和学生的教育。

三、班级发展目标

1. 注重思想品德教育

我虽然任教的是数学学科，但是作为教师，特别是作为班主任，格外重视学生的品德教育，在每天的教育教学中，不断渗透思想品德教育，使学生成为爱党、爱祖国、爱人民、爱集体，符合社会主义价值观的新时代追梦好少年。

2. 注重心理健康教育

心理学告诉我们，人的需要是分层次的，当低层次的需要有了保障的时候，高层次的需要就会增加。如果不了解马斯洛的需求层次理论，相信大部分人是不会理解现在的学生的，以为他们不懂事，其实不然，因为他们高层次的需求未得到满足。这也说明了作为老师和家长，需要不断地学习，特别是整天跟学生打交道的班主任。我的目标就是打造一间正能量的教室，里面坐着的是积极阳光、心理健康的小学生。

3. 注重素质教育

苏霍姆林斯基说过，每一个儿童身上都蕴藏着某些尚未萌芽的素质。这些素质就像火花，要点燃它，就需要火星……教育最重要的任务之一，就是不要让任何一颗心灵里的火药未被点燃，而是要使一切天赋和才能都最充分地发挥出来。我认为，每个教师都应该把这种思想作为自己的教育理念，作为自己教育行为的准则。

小学这个阶段是儿童成长的关键期，如果只是关在教室里"闭门造车"，很难"出则合辙"。因此，我鼓励学生多走出教室参加各种各样的实践活动，让每个学生都能够德、智、体、美、劳全面发展。

4. 注重良好习惯的培养

好习惯，受益终生。不论是良好的生活习惯还是学习习惯，一旦养成，学生就会进入自律模式。一个有好习惯的学生会让自己的学习也变得井然有序；良好的班风与学风再对学生形成正面影响，形成良性循环。

四、实践做法

1. 关于思想品德教育

作为一名班主任，班里任何学生有问题，我都积极地去解决。我从不讥讽、挖苦、打击、漠视任何人，一视同仁地对待所有人。班主任所具有的正确的世界观、人生观和价值观，会潜移默化地影响学生。对待他们时，我不因学习好坏论英雄，而是用真诚的目光表达关心和爱护。

思想品德教育的主阵地是主题班会，每周一个主题展开讨论，寓教于乐。同时，把德育渗透到工作的细节中，利用学生晨读、打扫卫生、课间活动、午练和延时托管等各个时间点，输出正确的思想认识，让学生在学校里学习的同时，能够汲取到精神养分。

此外，春节、妇女节、清明节、端午节、建军节、国庆节等各个大大小小的节日，也是积极开展思想品德教育的重要契机，我会带领学生通过各种形式参与活动，并拍照发班级群，制作手抄报和美篇，为学生留下美好的记忆。

2. 关于心理健康教育

我在2011年考取了国家三级心理咨询师，深入学习心理学基础知识。在教学过程中，我还阅读了一些儿童心理学和积极心理学方面的书籍，了解心理学在教育教学中的应用，通过积极的暗示、正面的标签和考前心理疏导等措施帮助学生。

3. 关于素质教育

一个有趣的灵魂需要有一个健康的体魄承载，好身体是每个人奋斗的根本，学生的健康尤为重要，因为他们承载着祖国的未来和希望。因此，我格外关注学生的身体健康。眼看着班里的"胖娃娃"越来越多，鼻梁上戴眼镜的也越来越多，我知道，是时候带学生走出教室、走上操场了。每天早晨，我会带领学生跑步；课间操时也让学生争取用最快的速度奔向操场，增加几分钟的锻炼机会；同时，抓住课后延时时间，加强锻炼。

身心健康的学生，还需要综合发展。我会鼓励学生报名参加社团，看到参加社团的学生能学到一技之长，最后登上学校元旦联欢会等不同的舞台，或者跟着学校老师外出比赛，增加活动经验，我真心为他们感到开心。

提高学生的志愿服务意识也很重要。例如，学校政教处每次发布志愿服务信息，我都会立刻转发到班级群，鼓励学生积极参加，让他们在志愿服务的过程中，养成良好的品德，提升自身综合素质。

4. 关于家校合力

努力做到每月开展一次家长沙龙活动或者小型的专题家长会，有针对性地对家庭教育进行探讨和交流。

2021年上半年我组织了三期家长沙龙，先后有23位家长参加，每期七八名家长围坐一圈，除了我主讲一些家庭教育方法之外，每人都有交流机会，谈论在家庭教育中的困惑和心得。

结束之后，家长们留下活动体会，少则几十个字，多则几百个字。大家都是有感而发，而我也在与家长交流的过程中，促进了对教学中的一些问题的反思，并增加了对学生的了解，在班级管理中更加得心应手。

5. 关于正面管教

在班级日常管理中，我会用倾听的姿势，给学生一种"我能为你解决问题"的感觉，让学生真正信任我，让师生关系亲密起来，之后学习、纪律、人际交往等教育问题都不再是问题。

同时，我努力做到挖掘每个学生的优点，树立他们的自信心。尊重每一名学生、喜爱每一名学生、鼓励每一名学生，培养他们成为更加自信、自尊、自强的小学生。而对于个别学生的不良习惯，我会给予善意的提醒，尽量漠视并减少关注，同时积极表扬他在这个方面的点滴进步，捉住契机鼓励其改变，从而形成正面关注、正面管教。

五、特色与成效

班里形成了良好的班风、学风，学生整体精神风貌积极向上，每年运动会都荣获团体第一名，在合唱比赛、器乐比赛和舞蹈比赛中也经常获得一、二等奖的好成绩。

学生积极向上，家长支持工作，这是我们班的最大特色，也是我担任班主任工作成效最明显的两点。我尽可能地做到了"用心、用情、用力"，用心爱我的学生，用情与家长沟通交流，用力完成班级事务，不辜负学生的成长、家长的期望和学校的工作。

六、结语

我愿在我的班主任岗位上主动反思、认真学习、积极研究、不断积累，努力地沉静内心，学习好的教育理念和教育方法，把工作做到细致入微，向学生传播正能量，与学生一起做新时代中国特色社会主义的追梦人。

胶州市第六实验小学　冷晓莉

传承红色基因，勇敢追逐梦想

我的班级是一个拥有44名成员的优秀集体，是一个团结友爱、奋发向上、朝气蓬勃的集体。

一、班级文化建设

为帮助学生了解国家"十四五"规划和2035年远景目标，引导广大学生从小听党话、跟党走，关注国家发展，了解家乡变化，树立远大志向，勇敢追逐梦想，我班组织策划了绘制"红领巾相约2035 争做小小追梦人"手抄报活动。此外，通过语文老师的引领，全班学生阅读红色经典书籍并进行交流，把交流的内容张贴到后黑板，以此督促学生热爱阅读。

走廊展板以"强国有我 请党放心"为主题，秉承赤子之心，根植家国情怀，喜迎祖国华诞。在国庆来临之际，我班开展了"光影中国、诗文中国"主题教育活动，向伟大祖国献礼。

评比栏是"立人星光榜"，让学生能够在合作中竞争、在竞争中合作，在努力中进步、在点滴中收获。学生在学习、卫生、纪律、文明礼仪等方面根据量化积分获得小粘贴，10张卡片兑换1个小粘贴，5个小粘贴兑换一封表扬信，5封表扬信可获得"班级小明星"称号，以此激励学生不断努力、不断进步。

图书角以革命故事书籍为主。读书就是踩在巨人的肩膀上看世界，接班伊始，我们就建立起班级读书角，学生都能规范借阅。目前我们班藏书达260余册，而且还在不断充实中。

二、让红色班级文化根植于心

1.《红船映初心》红色剧展演

2021年是中国共产党百年华诞，百年征程波澜壮阔，百年初心历久弥坚。为弘扬红船精神，加强学生思想教育，培养有理想、有本领、有担当的少先队员，2021年4月，第六实验小学五一中队举行了"'追寻红船记忆，传承红色基因'——庆祝中国共产党成立100周年"主题升旗仪式。升旗仪式上，五一中队的少先队员们给大家带来了红色情景剧《红船映初心》，在学生心中播撒爱国的种子，进一步激发他们的爱国主义情怀。

2. 寻找"红色成长导师"

为传承红色基因、增强爱国主义教育，培养学生尊老、敬老、爱老的传统美德，胶州市第六实验小学毛泽东中队开展了"寻找红色成长导师"活动。在辅导员刘老师的带领下，少先队员高举队旗井然有序地走进华福润敬老院，寻找自己的"红色成长导师"。在敬老院，李院长向少先队员们介绍了六位参加过抗美援朝的革命老前辈。少先队员们把老前辈们请到台上，为他们戴上鲜艳的红领巾，敬少先队队礼，并向他们颁发"红色成长导师"聘书，以此表达对他们崇高的敬意，并通过此次活动，将老一辈的革命精神和红色基因更好地传承下去。

3. "老街的过去与现在"红领巾寻访活动

2018年是我国改革开放40周年。为了让学生感受改革开放40年来家乡的巨大变化，辅导员刘老师策划了"老街的过去与现在"红领巾寻访活动，学生向爷爷奶奶、父母了解改革开放以来自己家衣食住行的变化，通过这种方式，让少先队员对改革开放的成果有更为直观的认识。

4. 烈士陵园扫墓

清明节前夕，胶州市第六实验小学五一中队的全体少先队员前往烈士陵园扫墓，追忆革命先烈，根植红色基因。通过开展本次活动，队员们表示将时刻牢记历史，继承革命先辈的伟大遗志，将红色基因根植于心！

胶州市第六实验小学　刘润红

以德育人，以文化人，打造学生成长乐园

一、带班理念

坚持以德育人、以文化人的育人理念，以高远志向激励学生，以美好德行影响学生，以高雅志趣滋养学生。在平凡、普通、细微的班级管理中，尊重、关注、帮助每一个学生，使其成长为最好的自己。

二、班级发展目标

凝心聚力、书香致远，以读书为引领，打造一个具有良好班风、学风，团结向上的班级，让班级成为学生热爱的成长乐园。

以活动育人，让学生在丰富多彩的活动中施展才华、锻炼才能、张扬个性，让每个学生都能成长为最好的自己。

家校共育，双管齐下，使学校、教师与家庭形成教育闭环，合力促进学生的可持续性发展。让家长和孩子共同成长。

三、带班策略

树立科学的育人理念，将班级打造成学生热爱的成长乐园，在这个乐园里学生有目标、有力量、有成长、有个性。班级因每一个学生而精彩，学校因每一个学生而更美好。

1. 制订班级发展规划

无论何时接班，一定要为班级制订长远发展规划。根据六年级学生特点，我制定了三个阶段的培养目标：团结互助、积极进取，独自自律、自我管理，比学赶超、追求卓越。按照该梯度逐步推进，引领班级有序发展。

2. 打造班级文化品牌

班级文化对学生具有潜移默化的教育影响力，对学生的教育、教学以及成长、成才起着不可估量的作用。良好的班级文化能够产生一股催人向上的力量，强烈地吸引着学生、激励着学生。

3. 形成班级管理制度

最好的教育是自我教育，最好的管理是自我管理。没有规矩不成方圆。

要管好一个班，首先要和学生达成共识。开学初，我利用班队会时间，让学生共同讨论制订出班级管理制度的各项细则及实施方案。细则包括学习、仪表、卫生、纪律、文明礼貌、活动参与等方面，要明确目标和责任。将班级需要落实的各项事务，通过认领的方式，分工到人，即实行班级岗位责任制，让每个学生都承担起一份责任，成为班级的主人；然后通过投票选出值日班长，由值日班长监督班级日常工作并填写班级日志。每天下午放学前10分钟，老师总结一天的情况，表现优秀的同学获得奖励积分。周一班会时间总结一周情况，结算学生积分，给学生兑换小礼品。对于出现的各种问题，也严格按照班级管理细则的奖罚办法进行处理。

4. 做有温度的教育

日常管理工作中，班主任要细心发现每个学生的变化，然后给予关怀和指导。比如，学生进步时，给予一个大大的拥抱；学生犯错时，心平气和地谈心；给表现好的学生一个小惊喜，可以运用纸条"悄悄话"的方式进行"一对一"的鼓励，让学生感受到老师对自己的用心；也可以运用"小组日记"激励学生，当他们看到日记中记录着自己都不曾注意的良好表现时，欣喜之余内心必定充满力量。

5. 组织丰富多彩的活动，促进个性发展

阅读是学生终身受益的习惯，经典阅读可以滋养学生，为学生打好人生的底色。师生同读一本书、亲子共读、读书漂流、课本剧演出、经典诵读等活动给学生提供了多种形式，激发了阅读兴趣。

开展寻访先锋人物、讲述时代楷模故事以及"我心中的英雄"征文活动，让理想信念深植学生心中，扣好人生第一粒扣子。

社会实践活动让学生拥有更为广阔的学习空间。参观博物馆、开展社区公益劳动、走进学农基地、研学旅行等活动将课堂延伸到校外，将所学应用于实践，学生在活动中拓展了视野、锻炼了能力。

6. 家校携手，共促成长

著名教育家苏霍姆林斯基说过，只有学校教育而没有家庭教育，或者只有家庭教育而无学校教育，都不能完成培养人这一极其艰巨而复杂的任务。良好的家校合作能使我们的教育事半功倍，能促进孩子更幸福、健康地成长。

家长进讲堂活动，可以丰富课堂教学内容，让家长深切体会教学工作的辛苦，还可以让学生了解家长截然不同的一面。每学期可以根据班级情况和家长

资源安排主题明确的家长进讲堂活动，给学生带来不一样的学习体验。

　　家长教育子女的水平参差不齐，家庭教育观念也各不相同，不少家长希望学习更多的家庭教育知识，定期开展家长沙龙，通过班主任的讲述、家长间的交流，家长对如何教育和引导孩子会越来越有思路、有方法。如果能针对当下学生中出现的问题进行交流，有的放矢，收效会更好。这样一学期或者一学年下来，家长也会跟着成长，成为学校教育的得力队友。

　　班级文化建设永远在路上。班主任要立足科学，启智润心，多元发展，协同育人，不断追求教师、学生、家长三方共成长的美好境界，真正做到"以德育人，以文化人"。

山东师范大学瑞华实验小学　李盛花

让每一面墙可以"说话"

一、学生在怎样的环境下学习

　　新生入学课程上，我给我们班起了一个富有诗意的名字——小荷班，取意于杨万里的金句"小荷才露尖尖角，早有蜻蜓立上头"。我们班的42个学生，正如42朵含苞待放的小荷花，我希望他们在这里能绽放属于自己的精彩。我们的班级文化正是基于此进行建设的，我要尽可能地为学生营造一个宁静的学习氛围。

二、教室里有哪些地方可以用来呈现班级文化

　　首先是教室外的主墙。主墙的上方由三大块组成：班级LOGO、校训、展翅飞翔的小鸟。这是我们班级的一张"名片"，让走过的人都知道：这是105小荷班！校训在旁，寓意着我们将在遵循学校教育理念的大前提下，展示自我风采。飞翔的小鸟为静寂的荷塘增添一抹生机，也预示着学生在这里展翅翱翔！主墙下方是我们班的全家福，教育离不开学校，更离不开家长，所以我们的照片不是只有孩子，而是全家总动员。每张照片上都以不同的方式体现105班，家长们在短短三天时间内高质量、严要求地提交照片，正体现了家长们对孩子教育的关注、对学校教育的支持，更体现了我们105班大家庭的团结力、凝聚力！

　　与主墙相对的室外侧墙，我挂上了学生创作的手指画，色彩明艳、简单有

趣。抽拉框的设计既可以保护作品，也让后期更换画作变得简单易行。窗台上的纸荷花，为整个班级增添了几分亮丽，那是我期待学生将来绽放的模样！墙上的中国风挂画是用废旧纸箱做成的，变废为宝，教育孩子们节约资源、杜绝浪费！

本着让每一面墙都能育人的原则，室内的每一面墙我们都加以利用。北侧墙上是我们班的班训，取材于郑立平老师的专题讲座，语言朴实接地气，学生容易理解。为了方便孩子辨识储物柜，我们贴上了可爱的青蛙造型标签，选择青蛙，同样是想为静寂的荷塘增添一些活力。教室后墙是一块大展板，用来展示优秀作业和班级荣誉。

总之，我们班的文化建设围绕小荷主题，以静为主，静中有动、动静结合，旨在为学生营造最佳的学习环境。

三、班级文化的作用

凝聚功能。班级文化能把班级成员的个人利益与班级利益紧密联系，使个人与班级"同甘共苦"，激发学生对班级目标、准则的认同感以及作为班级一员的使命感、自豪感、归属感，从而形成强烈的向心力、凝聚力、集体意识，促使学生时刻清醒地意识到："这是我的班级、我是这个班的学生。"

制约功能。班级文化形成的规范体系，制约学生的言行，这个体系就是一种强大的力量，让班级成员自觉约束自己，使自己的行为符合班级规范。

激励功能。班级文化可以激发、调动每个成员参与班级活动的积极性、主动性、创造性，让学生以高昂的情绪、奋发进取的精神投入学习和生活。

总之，班级文化建设要从学生的视角出发，动员家长、学生全员参与，"让每一面墙壁会说话，每一株花草会育人"，让走进教室的每一个人，都不由自主地浸润在良好的育人氛围中。

青岛西海岸新区双语小学　方安娜

未来扎根现在，现在孕育未来

一、指导思想

班级文化是校园文化的重要组成部分，也是形成班集体凝聚力和良好班风的载体，它对于学生的熏陶是潜移默化的，具有一种无形的教育力量，有利于德育工作的顺利开展。在实际工作中，我们要结合实际搞好班级文化建设，使班级文化在教育教学中发挥积极的作用。

二、班级文化建设细则

正确有效的班级管理目标能引导班集体朝着总目标前进，合理具体的班级管理目标能调动师生的积极性，激励师生为实现集体目标尽心尽力。为了形成"态度决定一切，努力才有收获"的班级文化和积极向上的班级风貌，使学生养成良好的品德，培养学生的自律和自治能力，我们班的班级文化建设主要在以下几个层面进行了尝试。

1. 凝心聚力，团结一致

精神层面的班级文化建设，在班级文化建设中处于核心地位。每年分班以后我都会在全班讨论表决的基础上，结合学生实际，一起制定"我为集体，集体育我"的班训，同时以班训为纽带，形成积极向上的班级风貌，让学生在快乐中成长、在耕耘中收获。

2. 完善制度，规范行为

为了使学生具有秩序观念，规范言行，培养主人翁责任感，我班实行的是"班委统筹，人人参与"的班级管理制度，同学们在制度的约束和管理下开展丰富多彩的活动，改善班级人际关系，形成良好的班风。

（1）细化积分管理制度。具体积分细则在全班进行讨论，在认真听取学生合理建议的基础上进行修改，最后全班表决通过，公示后再依规执行。积分管理渗透在班级管理的每一个细节中，具体涉及学生的学习、纪律、卫生、文明礼仪、孝亲等方面，让学生做任何事都有据可依。学生积分由基础积分、固定积分和动态积分三部分组成，同时个人积分与小组积分捆绑评价，以加强学生的集体意识，增强评价的约束力。

班级积分由班长负责记录，小组长分级管理。每天一汇总，每天评出"最佳队员"，教育学生做到"事前三秒钟，事后三分钟"，努力克服不良习惯；每周一评比，评比结果通过班级微信群进行表扬；每周进行"进步达人评选"活动，在学生自荐的基础上由全班同学投票选出；每学期进行一次终极评比。

（2）值日班长轮流制。班干部的组织领导作用发挥得如何，往往会直接影响到一个班级的凝聚力和学习氛围，影响到一个班级的兴衰荣辱。开学初一般会先通过竞选方式选举产生新一届临时班委，为班级快速有序运转提供保障。

接下来的一个月实行副班长轮流制，副班长配合临时班长开展班级各方面的工作。一轮下来，根据同学们的表现，全班重新竞选，正式确定班委会成员，最终确定的班委会成员各司其职，带领全班同学认真开展各项活动。

（3）班级团队责任制。小组管理是班级管理的重要方法，每个小组由组长、副组长自主管理，组内成员由不同成绩水平的学生组成。选拔组长时改变传统思维，倡导组长们发扬"战狼"精神。组内自主管理，最大限度调动学生的积极性。

（4）岗位承包责任制。在班级里实施"责任田计划"，让每个学生在班级中找到适合自己的管理岗位。班主任要将分工情况公示，督促学生有效落实。

（5）反馈机制日常化。设立班级日常管理反馈表等反馈机制，多了解和关心学生，努力开导学生，做好引导工作。

3. 无痕文化，浸润心灵

干净、整洁、优美的学习环境，不仅能增添学生的学习兴趣，还可以陶冶学生的情操。我将班级文化展示区域分为六大块：走廊文化，教室前、后黑板设计，教室左、右两面墙设计，图书角设计。我会从班级动态积分中拿出相应的积分进行竞标，发动所有小组提出设计方案，全班进行讨论、评比，选定最佳方案，予以实施。班级布置上需要注意细节，体现实用性，布置前要有整体规划，不要想到什么做什么，不能零敲碎打，只管局部不管整体。所有装饰边框高度、边距、颜色、粗细要仔细推敲，各栏目字体、颜色、大小要基本一致，不能太刺眼，也不能与墙面反差太大。

我们定期组织开展有计划的丰富多彩的班级活动，如口语交际、演讲活动、辩论会、主题班会、综合实践活动，在活动中培养学生的合作意识，增强班级凝聚力。

青岛西海岸新区铁山学校　郑玉玲

我的班级文化建设

班级文化是班级内部形成的具有一定特色的思想观念和行为规范的总和，

是一个班级内在素质和外在形象的集中体现。在实践中，我力争打造一个"班风正，学风浓"的积极向上、团结友爱的班集体，主要从环境文化和精神文化两个方面来建构和实施。

一、环境文化建设

教室不仅是教师的舞台，也是学生的天地，良好的学习环境让人舒心，一个幸福的教室可以让师生共同成长，享受教与学的快乐时光。

1. 整洁优美的卫生环境

教室的卫生环境是班级的一面镜子，可以照出班级的凝聚力和学生的劳动态度，也可以照出班主任的管理能力。好的班级卫生环境需要每个人的参与。培养卫生意识，首先要激发学生的"爱美"之心，有保持良好卫生环境的意识；其次是建立卫生保障机制，制定班级值日表，严格按照值日表来清扫卫生，做到人人有事做、事事有人做，让学生体会到参与的乐趣，感受自己在班级中的力量，体会自己的价值，获得成就感和集体荣誉感。

2. 赏心悦目的绿植培养

在班级设置绿植培养角，不仅能让环境优美舒心，还可以锻炼学生的动手能力。绿萝四季常青，给人视觉上的舒适、心灵上的慰藉；多肉植物大家族以超强的繁殖力，占据了植物角的半壁江山，绽放异彩。为了保障绿植的茁壮成长，班内安排了喜欢培养绿植的同学专门养护，一盆盆绿植像一张张笑脸，给班级带来了青春的气息，让班级更加温馨。

3. 精心布置的图书驿站

图书驿站给整洁优美、绿意盎然的教室增添了文化的色彩。书籍种类齐全，琳琅满目，书香四溢。班里每月都会有一次阅读展示，展示阅读量、阅读收获等，学期末会有总评比，颁发"阅读小达人"证书。愿阅读之花在学生心中生根发芽。

4. 捕捉风采的墙面宣传

墙面是一个展示窗口，可以将班内的优秀作业在展示栏中展示，进步的学生也可以在此表扬。另外，这也是统计班级个人积分的好地方，每位同学的努力与进步，都可从中一览无余。黑板报则是根据学校的计划来及时更新，是由学生自己完成。

教室的环境布置也不是一成不变的。可以让学生参与其中，进行计划和安排。教室的布置应尽可能地满足学生的归属感，只有在温暖的环境中，学生才能安心学习、全面发展。

二、精神文化建设

以2016级五班为例，介绍班级现状、班级目标等精神文化建设的整体规划。

【班级现状】学习习惯差，学习成绩良莠不齐，个别学生的表现欲强，集体荣誉感淡薄，进步空间大。

【班级目标】尽最大的努力，让自己有更大的进步，让我们的班级更出色。

【班训】团结互助，勤奋进取

【班风】尊重与信任并行，理解与团结共生

【班歌】《让我们荡起双桨》，愿正气与努力激起进步的双桨。

【班花】莲花，意指让每位同学都能亭亭玉立，坚贞纯洁，自由脱俗。

【班规】

（1）文明言行，礼貌待人，和谐相处。

（2）勤洗漱，勤换衣，做好个人卫生。

（3）不迟到，不早退，不无故请假。

（4）做好课前准备。

（5）上课专心听讲，不做与上课无关的事。

（6）高质量按时完成作业，不抄袭。

（7）不带零食进校门，有序进餐，不浪费粮食。

（8）做好值日，共创美好学习环境。

（9）做好课间操和眼保健操。

（10）上好每一节课。

【班级展望】给六年的小学生活画上完美的句号，以昂扬的精神面貌迎接初中生活。

班级文化建设需要师生的共同参与，班主任作为班级文化的创建者、践行者，要给学生以正确引领，厚植学生的爱国主义情怀，激发学生的社会责任感，力争培养出身心健康、乐观豁达、见识广博的好少年。

胶州市三里河小学　杨君晗

让每一朵花儿都愉悦地开放

花开有声音，花开有笑颜，花儿应开在最美好的时光里……

人生最美好的时光莫过于童年时代了。儿童是活泼开朗、无话不说的，用"叽叽喳喳"的小鸟来形容爱说爱闹的孩子们，一点也不为过。

在我的班级里，就有一只最吵的"小鸟"——晓文。不管是课上还是课下，他的小嘴里总有说不完的话。可有一段时间，他却不爱说话了。虽然平时总嫌他话多，可当他真的沉默不语了，我也跟着担忧起来。直到有一天，我从他的周记中找到了答案。

翻看着晓文的周记，最后一篇引起了我的注意——《爱去哪了》。我细细读起来。读着读着，我恍然大悟，终于找到症结了。"爸爸妈妈给我的爱越来越少了，就像被什么东西吃掉了一样。他们陪我的时间越来越少，早饭的质量越来越差，对我批评越来越多。以前我得到的所有的爱渐渐地变成了二分之一，后来是四分之一，再后来……夺走这些爱的，就是我的妹妹！"我第一时间和晓文的父母取得了联系，了解了他家的具体情况，并和他们坐下来进行了深入的交谈。一番长谈之后，他们也意识到生了二宝后，无意间对晓文造成了伤害，表示以后会多关注孩子的感受。在学校里，我也有意识地给予晓文更多的关爱。课堂上多给他一些展示自我的机会，适时地给他以真诚的鼓励。课下，坐在他旁边和他开开玩笑、讲讲小故事。每天晚上，我都会和晓文的妈妈交流晓文当天的情况。渐渐地，晓文的脸上又有了笑容，话匣子也慢慢打开了。我知道，他曾一度关闭的心扉又敞开了。看着他灿烂的笑容，我仿佛聆听到了花开的声音。

晓文的事过去了，可我的心并不轻松。学生在遇到烦恼的时候，没有选择和家长、老师倾诉，而是向一本不会说话的本子诉说心声。而我，作为他的老师，却在学生出现了问题之后才后知后觉。想到此，我深深汗颜。是什么封闭了学生本应亮敞敞的心灵？是什么使得学生成长的脚步越来越沉重？为什么随着年龄的增长，他们的心离我们越来越远？这一连串的问号仿佛一记记重锤敲打着我的心，也让我陷入了深深的思考之中。任何一个人，都有与别人分享快乐、分担烦恼的渴望，儿童尤其强烈。如何才能叩开学生的心灵之门？唯有真心———一颗宽容之心，一颗善于洞察的心，一颗能够忍耐的心。认真对待学生做的每一件事；认真倾听学生说的每一句话；认真思考对学生的每一句评价；认真……把更多的赞美与鼓励送给学生，就等于把阳光送给了他们，他们也会敞开心扉接纳你。只有沐浴在阳光下的孩子才会拥有自由的心灵。心灵自由了，就不再封闭，不再拘谨，不再胆怯。

为了让每一个学生能够敞开心扉倾诉心声，及时了解他们的烦恼和困惑，防止像晓文这样的情况再次发生，我专门建立了一个"知心邮箱"，通过这种特殊的通道与他们交流。从那以后，我与学生的交流更自如，话题也更多了，一些平时想问都问不出来的话在这里都悄悄地出现了。我发现他们想说的话其实很多，学习上的烦恼、与同学的矛盾、对班级工作的意见，甚至成长中的困惑等平时我想问都不知如何问、也不一定能问出结果的话，学生都一一跟我诉说。有了这道心灵沟通的桥梁，学生的心敞亮了，烦恼在倾诉中消失了，我也能了解每个学生内心的想法，及时地对症下药。

在温室中长大的孩子，心理确实比较脆弱，但也是纯真的、稚嫩的，渴望被呵护，渴望被理解，渴望被重视。作为育人者，只要我们适时、适当地走进学生的内心，及时发现问题，细心寻找突破口，以和风细雨式的关爱，轻轻打开学生的心扉，就能使其在阳光之下健康成长。

每一颗幼小的心灵都是一朵稚嫩的花，在我们的精心呵护下，愿每一朵花儿都能愉悦地开放，开在最美的时光里。

胶州市北京路小学　刘金娟

班级阅读也精彩

学生人文素养的形成，并不是一朝一夕的事。在和学生共同学习阅读的日子里，我通过各种巧妙的方式组织阅读活动，引导学生走向更广阔的文学领域——把学生的阅读从课内辐射到课外，在课内学习与课外阅读之间架起一座桥梁，挖掘更多的阅读内容，让阅读逐渐成为学生学习生活的重要部分，学生的人文素养也在书香的浸润中得到提升。

一、以书为"饵"促进步

读书需要兴趣的培养。教师要想方设法巧妙地引导，让学生不知不觉喜欢上读书。

1.小小书签"钓"书迷

以往，我对平时表现好的学生的奖励就是笑脸式的小标志，自从在班里开展海量阅读活动后，我突发奇想：如果把这种形式的奖励与阅读联系起来，岂不是两全其美？有了这种想法，我便以"书"为诱饵，开始了我的"钓鱼"行动。我把以往的奖励方式稍稍做了改动：每当学生攒够了10个小标志，便送他一张漂亮的书签，并赠送一本好书，学生读完之后再亲自颁发给下一个同学。10个标志用完之后，再继续挣，争取读下一本书。期末结束后，谁读的书最多，谁就是本学期的阅读达人。设下这样的"诱饵"后，学生的兴趣大增，在不知不觉中把"读老师手中的书"当作了自己努力争取的目标。就这样，我准备的一本本适合小学生阅读的课外书，被一双双不同的小手抚摸过。即使原来崭新的书籍已光鲜不再，甚至还有些残旧，但我的心里却是无比的欣慰，因为这一本本书留下了学生们思想的痕迹。

2.行走的书箱

等学生升入六年级后，我又增加了一项新的奖励举措。我在教室里放了三个漂亮的小书箱，分别是粉色、黄色、蓝色的外壳，银色的提手，上面印着"行走的书箱"几个大字，里面可装十多本书，而且定期更换新书目。书箱的小主人每周一换，谁这一周在课堂学习、文明礼仪、讲卫生等方面表现得最好，他就是书箱的小主人。每周五，我都会举行一个隆重的交接仪式，把书箱传递到新主人的手中。放学后，他就可以美滋滋地提着书箱回家，之后的一周里可以自由地享受箱中的好书。小小的书箱成为学生争先的动力，也成了他们无声的老师和开心的小伙伴。

二、课前故事勇超越

课前三分钟演讲，有的同学很踊跃，但也有相当一部分学生打怵，缺乏自信。我决定加点小花样来调动学生的积极性。我把我的想法讲给了学生听，没想到他们热烈响应，很快就积极准备起来。我们先读的是《中华上下五千年》这本书。学生按学号排序上台读，从1号开始，依次类推。当然，最吸引他们的是独特的评价方式。一个同学读完故事后，台下的同学从听众变成评委，以举手的方式进行点赞。票数超过半数就可以获得一个标志。如此一来，每位同学都热情高涨。不用特别叮嘱，他们就知道自己该什么时候读，往往提前几天就开始准备：选故事，查不认识的字，在小组内、课间时练读……看到这些可喜的现象，我由衷地高兴。虽然每节语文课我的上课时间都少了至少五分钟，但我相信，学生的收获远不止五分钟。

在学生每天读故事的过程中，我也收获着一份份喜悦与感动。每天的语文课，往往我进了教室，铃声还未响起，"小老师"已手拿故事书站在讲台上静静等待了。随着时间的推移，一个个优秀的诵读小能手也不断涌现出来。1号和2号同学声音响亮，读得准确流利，超越了自己平时任何一次读课文的水平，为同学们开了一个好头。后面的同学也都毫不含糊，超常发挥，连平时读书经常磕磕绊绊的同学也让人刮目相看。台上读得精彩，台下自然也会听得认真，每天这个时候，教室里最安静，同学们一边听，一边在书上圈圈画画。每当看到这个情景，我的心里不由生出感慨：阅读，真是一件美好的事情。上台阅读，不仅让阅读的兴趣持久，也培养了学生敢于表现、敢于竞争的品质。自从小晶同学上台声情并茂地读了《大禹治水》这个故事后，她就成了全班同学的"偶像"。没想到几天之后在班里素有"金嗓子"之称的小雅竟然把一两千字的《荆轲刺秦王》脱稿讲了下来，让大家目瞪口呆，掌声雷动。更意想不到的是接下来有好多同学也把本来准备朗读的故事生生背了下来，其水平较前几位能手毫不逊色。看着他们一个个勇于赶超、追求卓越，我相信：这就是阅读的力量！

不知不觉中，读故事已成为我班学生最喜欢做的事情。记得期末放假前夕，班里为数不多几个读故事点赞数没过关的同学，主动提出要在放假那天再读一次，看着他们自信满满的小脸，我欣然同意，虽然这个时候发不发标志对他们已没什么意义，但阅读的兴趣已超越了奖励。放假那天，没想到准备读故事的同学，除了这几个当时没过关的，还有好几个自愿上台"友情演出"的呢。在学生面前，我第一次感到了自己的渺小。也许，该是我主动参与，和学生一起阅读、一起成长的时候了。是啊，阅读，不关乎年龄，不关乎身份，在阅读面前，人人都是平等的。

胶州市北京路小学　刘金娟

小学低学段良好学习习惯的养成

叶圣陶曾说过，积千累万，不如养个好习惯。习惯是一种顽强而巨大的力量，能形成性格，影响个人命运。养成良好的习惯对人的一生都至关重要，小学阶段是养成学习习惯的关键期，一、二年级则是关键期中培养良好学习习惯的最佳期，所以在小学低学段培养学生良好的学习习惯尤为重要。

一、养成哪些习惯

1. 培养规则意识

规则意识的建立涉及方方面面，包括课上如何听讲、举手、音量、坐姿、握笔姿势、小组合作等；课间如厕、就餐、午睡注意事项，如何安全地上下楼梯；课后打扫卫生时怎样做好每一项清洁任务，上下学路队时要注意什么，课前做哪些准备等，真的是事无巨细。例如课前准备习惯的养成。在课前两分钟铃响起时，由各科课代表带领学生做好课前准备。课本在上，练字本在下，摞在课桌的左上角，笔袋放在课桌的正前方，拿出一支笔备用，紧贴着笔袋顺向摆齐。如果需要讲解试卷或其他材料，则由课代表课间提前发放或准备，摞在课本上方备用。课桌上只有当堂课的课本及相关材料，其他学科的统统收到桌洞或书包中。久而久之，无须课代表带领，学生便可自行完成，课代表偶尔抽查即可。

要想建立良好的规则意识，需要班主任和科任教师密切配合，一致要求。这也是一个循环往复、坚持不懈的过程。良好的规则意识需要老师的引领，同时也离不开同伴之间的相互监督，学生形成习惯便是最终的目标，良好的规则意识可以减少冲突与矛盾，保证学生在一个良好的环境中学习与成长。这也是优良班风的基础，只有在此基础上，才能有更高层的"建筑设计"。

2. 培养认真听讲的习惯

课堂是学习的主阵地。学生是学习的主体，学生的积极性直接关乎学习的效果。一年级小学生注意力时间短，自律性较差，想要调动学生的积极性，让40分钟的课堂发挥最大效能，需要教师精心备课、注重课堂效率，这也是智慧型教师的必备能力。从教材本身挖掘兴趣点，自然且效果佳；从学生兴趣点入手，高效且实用；捕捉课堂生成点，灵活且智慧。例如在学习《要是你在野外迷了路》这一课时，可以带学生到校园里找自己的影子，不同时间段影子的方向和长短是不同的。可以观察校园里的大树，树叶哪面稠、哪面稀，通过亲身观察体验，将书本中的知识转化为自己的认知经验，将知识内化，更好地指导实践。这样一来，学生不仅学习兴趣高涨，还会养成善于观察的好习惯，一举两得。

恰到好处的表扬是激发兴趣点的好方法，对于课堂听课质量差的同学也是一种正面示范。倾听与表达两方面都得到充分的锻炼，良好听讲习惯才能真正形成。

3. 培养阅读习惯

阅读并不只是语文学科的任务，其他学科的学习都离不开阅读，课堂应该是一个通往无限知识世界的窗口，照亮学生探索知识的道路，让学生有兴趣探索更广阔的知识海洋，所以在小学低学段培养学生的阅读习惯尤为重要。

在阅读书籍的选择上，需要考虑学生现有的认知水平、阅读基础、识字能力等，一年级时推荐的书籍以带有插图的为主。在家阅读时也可以亲子共读，家长边读边提问，训练孩子的理解力。例如在亲子共读时，可以选择学生感兴趣的书籍，这样可以满足学生的好奇心，让学生喜欢上阅读，从中有所收获。随着学生识字量的增加，可以变为自主阅读为主。

二、如何养成好的学习习惯

1. 教师合作

教师在教学中有引领作用，那么所有科任教师引领的方向要一致，需要班主任进行协调与统一。各科教师要经常交流班内发生的情况，共同商讨处理的方法，保证教育的一致性。

2. 家校合作

习惯的养成非一日之功，需要长期坚持，保持信心，对学生有耐心，做一位有韧性、有个性的班主任，给学生以引领。需要家校配合，与家长达成共识，形成统一战线，这也是重中之重，因为学生在家与父母相处的时间很长，父母是孩子最初的老师，是言传身教的榜样。家长会是一座直接沟通的桥梁，个别交流更能加深相互的了解，与家长相处最好的态度是真诚，唯有真诚才能打动人心，才能相互信任，才能形成教育合力。

3. 生生合作

在小学生活中，学生之间相处的时间是最长的，同伴的相互影响相当重要，这时班风就会起到引导航向的作用，在班主任的引导之下形成积极向上的学习氛围、同伴氛围至关重要。可以以小组合作、同桌合作等形式来互帮互助，共同进步。

好习惯将伴随人的一生，影响个人的生活方式和成长道路。良好的学习习惯是在学习过程中反复练习才得以形成并发展的，是一个持之以恒的过程。给学生以坚定的支持，相信目标终会实现。

胶州市三里河小学　臧远宏

小学中高学段良好学习习惯的培养

好的学习习惯是学生提高成绩的重要路径，而当今一些家长和老师却把精力都放在了分数、名次或是学了多少知识上，往往忽略了学习习惯的培养。其实学习是一种能力，只要把习惯培养好，即使孩子上了初高中也会很省力，受益终生。因此，从长远来看，无论家长还是老师，都应该重视学习习惯的培养。那么作为一名班主任，应如何培养班级学生的学习习惯呢？

一、班级管理模式的转变

小学低学段的班级管理模式一般都是采用传统的紧盯说教式。班主任就像一个消防员，哪里发生情况就跑到哪里处理。虽然班级已经建立了完善的班规制度，但是由于老师的"事事亲为，事事插手"，使得学生产生了很强的依赖性，再加上班干部不能很好地发挥作用，很多制度不能由学生自主、有效地执行，都是老师在落实，有时老师一忙起来就容易搁置，因此缺乏持续性，班级自主管理也很难有成效。

小学中高学段的学生已经有了一定的自我约束能力，有主见、有思想，尤其是个别学生在之前的班级工作中也积累了一定的班级管理经验，因此班主任可以放手将班级管理模式转化为平行管理和民主管理两种模式相结合。

我的做法是首先将全班学生进行分组，之后由他们自己取小组的名字（要求：积极向上，最好能体现爱国主义情怀）。小组实行执行组长负责制，如果组长忙不过来也可以在组内任命副组长进行协助管理，给组长较大的管理空间。我利用"精良分班"软件将全班45人分为5个小组，进行综合评分管理。评比的项目按学科进行分类，由小组长、课代表负责监督记录。这种分组管理制度，将班主任老师从琐碎的日常管理脱离了出来，既锻炼了学生，也让学生充满活力。

二、班级学风建设的目标化

我在班级中进行了"三步走"策略。第一步，重塑目标。我利用班会时间进行"中国最美名校"介绍活动，基本上每两周介绍一所学校，中间随时穿插近期名校的新闻动态（以科技创新、学术活动为主的新闻），循环持续介绍。此举即让学生树立一个长期目标，并且根据这个长期目标来确定短期目标。第二步，目标考核。根据自己的短期目标，让学生确定自己的成绩目标，要求明确到人、明确到科目、明确到分数，并且将目标写下来贴在自己桌子的左上角。同时，根据这个目标让学生制订自己的学习计划、达标奖励（抽奖满足一个心愿）、不达标惩罚。当然，有些学生可能不能严格落实，或者在执行计划过程中会出现一些其他情况。那么，就需要在一周后进行一次复盘，利用班会时间由组长和学习委员、课代表三方组织进行，让每个学生对自己的学习计划进行调整，并且每组选一名代表分享自己的学习计划，由评委团打分，评选出优秀学习计划进行表彰和展示。两周后或一个月后再次进行复盘，监督每个学生的计划落实情况，并根据自己的学习进度调整自己的目标以及计划。第三步，精准帮扶。对于学习方面有一定困难的学生，采取自选和指定两种形式选择帮扶人员，进行师徒结对。结对后，将进行捆绑目标考核。通过这种方式让学生树立自己的学习目标，将"要我学"转化为"我要学"。

三、家校合作

老师除了在学校处处培养学生的良好习惯外，还要和家长密切联系，相互交流，把学校教育和家庭教育紧密结合起来，从学习习惯、道德习惯、卫生习惯、劳动习惯、饮食习惯、交往习惯等各方面相互促进。家长要注意督促孩子的行为，提醒孩子要养成良好的习惯。

我主要采用了班长反馈制度，让值日班长汇总一天的各学科课堂笔记、知识要点以及注意事项、课堂表现等发布到班级家长群中，让家长们随时了解和掌握孩子的学习进度，并且从中看到自己孩子的学习差距，可以及时进行调整和监督，与老师保持一致。除此之外，我经常进行家访，及时了解学生在家时的学习行为，对学生的不良习惯及时做出纠正。

学生能否养成良好的学习习惯，对他们的成功与否至关重要。为了学生的健康成长和终身幸福，班主任应高度重视学生良好习惯的培养，并且用科学有效的方式来培养学生的学习习惯，为他们插上腾飞的翅膀。

青岛西海岸新区双语小学　方安娜

良好卫生习惯益终生

小学阶段正是学生养成良好习惯的关键时期，其中，卫生习惯和学习习惯同等重要，且能体现学生的个人素养、精神面貌。所以，培养良好的卫生习惯至关重要，个人、家庭、学校都应该重视。怎样培养学生良好的卫生习惯？班主任该做哪些工作？我结合自己十几年班主任工作经验，从以下几个方面进行了尝试。

一、教师引领，为习惯养成树典范

教师与学生相处时间长，一言一行都留在学生脑海中，对学生起着润物无声的作用。教师的办公桌收拾得井然有序，讲桌上物品摆放整齐，打扫卫生时拿起抹布和学生一起擦一擦，见到垃圾弯腰捡起，桌子歪了就动手排一排，书架上的书乱了伸手整理一下……看似不起眼的小事，却能无声胜有声地感染学生。记得有一位特别爱干净的女教师，她的办公桌总是一尘不染，连抽屉里的物品都用收纳盒分类摆放，她班里的孩子就人手一块抹布，随时擦拭桌椅，讲桌上从来没有粉笔灰，桌洞、书包里的书本都整理得非常条理。这就是教师榜样的魅力。

二、温馨环境，为习惯养成营氛围

环境育人，空间育人，环境在教育活动中发挥着特殊作用。培养学生良好卫生习惯也要十分注重环境的营造。新学期开学前，精心布置教室，让优雅的环境吸引并影响学生。从教室文化布置、桌椅摆放、地面清洁到墙角、窗台、黑板、玻璃等细微之处都要关注到，让学生从进入教室的那一刻就爱上这个整洁、温馨的新"家"。这是在用环境说话，这种氛围陶冶着学生，让他们产生一种积极的情感体验，为良好品质的形成埋下种子。再结合入学教育，学生便发自内心地想要爱护这个班级，想继续用自己的双手让班级变得更美。

三、分工到人，让习惯养成有章法

班主任要在开学伊始就把班级卫生任务进行细化，根据学生个人情况分配任务，也可让学生自行认领任务，安排完毕后，将任务明细进行公示，让每个学生都能体会到成为班级小主人的责任感。

这个方法同样适用于每天打扫教室的值日安排，各小组长先共同商议有哪些值日任务，确定后制作成表格，各自带领组员进行分工，哪一排谁负责，哪一项谁来管，都一一在表格中标明。值日结束后，组长检查各项任务完成情况，并记录表现优秀的值日生。这样就不会出现有人忙、有人闲的情况，值日效率大大提高。

四、及时评价，为习惯养成添动力

任何习惯的养成都不可能是一蹴而就的，期间一定会有马虎了事的，有忘记的，也会有一个阶段的倦怠期，这时及时的评价激励就成了动力的源泉。比如每日点评时表扬当天岗位任务完成得好的同学，给予加分；每周值日表现良好的，由组长推荐给卫生委员，也可以加分；每月评选"卫生小标兵""爱班小明星"可以获得相应的小奖励。这些都可以激励学生持续将一件事做好，从而促进习惯的养成。

五、小小活动，为习惯养成增乐趣

主题班会是学生喜闻乐见的教育形式之一，一节生动有趣的以卫生习惯养成为主题的班会课，能让学生系统全面地了解良好卫生习惯包括哪些，为什么要养成良好的卫生习惯，怎样从自身做起养成良好的卫生习惯。对低年级的学生还可以通过讲绘本故事的形式，让学生认识到良好卫生习惯的重要性。

每周一次个人卫生大检查是促进个人卫生习惯养成的有效举措。周一入班时，卫生委员或小监督员在教室门口对每名学生的指甲、头发、校服、红领巾、鞋子等进行检查。卫生情况良好的直接发一枚小星星或者小笑脸贴在衣服上。得到肯定的学生一整天都美滋滋的。这种美好的体验会让他们主动搞好个人卫生。

除了固定科目，每周还可随机来两次"紧急集合"式的卫生抽查，大课间下课前，或者上课前两分钟，突击检查座位周围卫生，干净整洁的学生可获得临时性加分或者其他奖励，以肯定为主，让学生在这种活泼有趣的"小插曲"中，更加关注卫生情况，从而能自觉做好个人卫生工作，保持好教室卫生。

六、家校合作，为习惯养成补后劲

家长是学生的第一任老师，父母的言传身教会影响孩子的一生。学生良好习惯的养成必然离不开家长的积极参与。班主任要与家长达成共识，让家长从自身做起，为学生做表率，营造干净整洁、温馨舒适的家庭环境，达到"近朱者赤"的教育效果，共同培养学生良好的卫生习惯。也可辅以"卫生明星家庭"评选活动，把家庭与学校紧密联系在一起，更好地促进学生良好卫生习惯的形成和巩固。

任何一种行为不断重复就会成为一种习惯，良好的卫生习惯也是在日复一日的积累中逐步形成的，这是一个循序渐进的过程，需要教师和家长坚持不懈，需要学校、家庭、社会共同关注。只要我们找准方法，不断努力，良好的卫生习惯一定会成为学生的内在需要，会成为他们发自内心的行为习惯，为学生未来的幸福人生奠定坚实基础。

山东师范大学瑞华实验小学　李盛花

小学生不完成作业的原因及对策

作业是检验、巩固学生所学知识的重要手段，也能间接反映学生的学习态度、习惯以及学习效果。有一段时间，学生作业的质量不高（错误多、字迹潦草）和拖拉现象越来越严重，甚至会有少数学生干脆不交作业，这让我陷入了沉思：为什么他们不愿意完成作业呢？是因为作业多，还是因为作业太难？很多老师都遇到过这样的问题，即便我们不停地提醒、教育，效果也往往不是很好。如何给这些学生一些切实有效的帮助呢？

一、小学生不完成作业的原因

1. 学生本身原因

自身学习困难。这种情况下的学生由于知识上的缺陷，导致完成作业有困难。有的教师对全班学生的要求是一样的，即使比较难的知识点也要求所有学生都必须完成。在这样的情况下，学习困难的学生越做越不会做，越做越没有自信心，长此以往就会造成他们不想学习。

写字速度太慢。同样的一个题目或一个句子，别的同学看一遍，记住整句，然后再写。他们则不然，不会记忆整个题目和句子，抬头看一个字，低头写一个字，这大大延长了写作业的时长。

性格顽劣，不爱学习。有的小学生由于心理发育不成熟，社会适应能力差，缺乏荣辱感和上进心，因此无法长时间安定下来做作业。而对于他们来说，完不成作业并不会感到羞耻，教师的苦口婆心也不会起到任何作用，久而久之这些小学生就养成了不完成作业的坏习惯。

2. 教师原因

教师没有及时与家长沟通。有的家长不经常向任课教师了解自己孩子的情况，教师也不与家长沟通，所以家长不清楚孩子在学校的具体情况，特别是孩子每天的家庭作业情况。有的孩子说自己做完了（实际没有做完），家长也以为做完了。孩子去学校因为没有做完作业而受到批评，家长也不会知道。孩子长期隐瞒家庭作业的情况而获得玩的时间。

教师没有及时督促学生。有的学生在交作业时，会大呼一声忘记拿作业。有的老师会让他下次拿回来并及时催促，而有的老师会忘记让他交回来。几次之后，他就会存在侥幸心理，认为不写作业老师也不知道。长此以往，这些学生就会不想写作业。

3. 家庭原因

现在的父母为了不使自己的孩子输在起跑线上，给孩子报了各种名目繁多的辅导班，有舞蹈、美术、奥数、英语、钢琴……一放学，学生就从教室走进了辅导班的课堂。一般情况下，辅导班至少要上一个半小时，多则两个小时。辅导班老师为了保证辅导的质量，也要布置相应的作业。辅导班占用了学生大量的课余时间。等到辅导班结束后，学生回到家里，已经是筋疲力尽了，吃完饭，只想睡觉，根本不想再写作业。除非特别自觉的学生或者有家长及时督促的学生，才有可能按时完成作业。

二、小学生不完成作业的对策

1. 针对不会写作业的学生

对于这类学生，老师可以留一些简单的作业，当他们完成或只完成一部分时，可适时地给予他们表扬和激励，使他们体验到成就感。心理学研究表明，人都具有不可估量的潜力，但只有在受到肯定后，才有可能充分发挥自己的潜力。

2. 针对因为懒而不写作业的学生

对于这类学生，老师有时可以采取"视而不见"的方法。比如，在课堂上对完成作业的学生大加赞扬，或进行一些精神奖励及小的物质奖励；而对不写作业的学生则"不闻不问"，让这些懒惰的学生感受到被"冷落"。而他们为了引起老师的重视和表扬，就会不再懒惰，开始认真写作业。事实上，对于这类学生，老师如果只是横加指责或批评，不但会影响师生关系，还会让学生产生不良的心理暗示。而"视而不见"并不是放弃学生不管，而是为了用榜样的力量激励他们进步。

3. 针对因贪玩而不写作业的学生

这类学生并不是不会写作业，而是太贪玩，以致耽误了写作业。他们一般都比较聪明，写作业对于他们来说并不是什么难事。所以对于这类学生，老师要与他们的家长密切配合、联合监督。要让学生该玩时玩，该写作业时就要写作业，要严格地控制他们的时间分配，让他们逐渐养成合理使用和规划时间的习惯。

胶州市第六实验小学　刘润红

"对症下药"解决学生不写作业问题

一、学生不做作业的主要原因分析

一是速度慢。做作业时常左顾右盼，爱打岔，作业一多就完成不了。

二是不会做。由于一些原因，造成学习障碍，可是又不想方设法去解决，而是遇到困难绕着走，绕不过去就不走。

三是懒惰。天性爱玩，管不住自己，不能等到做完作业再玩。

四是教师布置作业时不考虑学生的实际情况和兴趣爱好，造成学生敷衍了事。同时，由于教师不能及时批改作业，学生不能及时得到学习反馈，有些学生就成了"拖拉机"。

五是家庭缺乏应有的监督。不少家长对孩子缺乏监督或监督不力。

二、具体对策

一是果断处理法。当学生出现不能及时完成作业的现象时，采取果断措施，千万不能让其形成习惯。应让全班学生意识到学习是自己的事，要逐步学会自己管理自己。

二是"冷处理"和"热处理"。"冷处理"，即对不做作业的同学先不忙处理，先观察、了解一番，旁敲侧击，激起他（她）内心的涟漪。这种方法一般用于上进心比较强的学生，他们能从教师的言行中悟出自己的失误，进行反省。"热处理"一般运用于自律意识比较弱的学生。他们一般还未认识到不做作业的害处。或是明明知道可就是管不住自己。对这样的同学，就应严肃告诫及惩治，令其幡然醒悟，悔过自新。

三是赏识法，即夸优点。用鼓励和赏识激励学生改正错误。

四是建立良好的师生感情。常言道，亲其师，信其道。只有学生充分信任老师，能与老师进行推心置腹的交流，才会向老师诉说他们的烦恼和困难，老师才能了解学生的内心世界，把握他们的思想动态。老师要积极地和学生交朋友，对学生进行潜移默化的教育，点燃学生心中学习的热情，激起他们学习的欲望。

五是构建家校联络网。不做作业的学生在改正坏习惯的过程中往往会出现反复。这时，我们非常需要取得家长的配合，协同作战，只有这样，才会形成合力。

教师对不做作业的学生决不能放弃，要积极采取多种措施应对。精诚所至，金石为开。只要我们是真心为学生的发展负责，总有一天，学生会明白老师的一片苦心。同时，教师也要多方改革作业方式，让学生有自主选择作业的权利。多设计一些开放性的作业，让每个学生都能体验到成功的快乐。

青岛西海岸新区双语小学　方安娜

学生不写作业怎么办

一、家庭作业的现状

在升学率的驱动下，教师本能地相信，多布置些家庭作业，教学质量就会提高一些。因此，有的教师大搞"书山题海"战术，过多的作业大大超过了学生所能承受的范围，于是学生望而生畏，草草了事，按量完成，至于质量如何，无人问津。如此高耗低效的布置家庭作业，作用何在？

二、作业布置科学化

布置家庭作业时，教师希望学生通过练习的形式再次巩固学习的新知识，或者是拓展延伸。但是如果学生已经掌握了所学知识，我觉得就可以免做当天的作业。考虑到接受知识的差异性，有的学生接受知识很快，我觉得他们就不需要再做机械的重复，可通过免做家庭作业，提高他们学习的积极性。

三、作业形式多样化

当前教育形势下，我们不能培养只会做题的学生，而是希望他们全面发展；对新知识的学习，我们也不再只通过做练习的方式，而是可通过说、听、读、写多种形式相结合及多种感官参与的方式进行。所以，教师在布置作业的时候，可以采取多种形式结合的方式进行。

四、作业要有层次性

每个学生都是不同的个体，各方面都存在差异。因此，设计家庭作业时要有层次性。一方面，教师可以布置不同难度的作业，让学生自主选择适合自己的作业；另一方面，教师可以布置相同的作业，对学生提出不同的要求。让学生选择作业内容，作业形式自由，鼓励他们主动地学习，使不同水平的学生都得到相应的发展。

每个学生都是一块璞玉，教师应当努力地去雕琢，使其永久地焕发光彩。

胶州市三里河小学　杨君晗

精准三步走，巧妙处理学生不写作业的问题

对于经常不写作业的学生，要想从根本上帮助他们改掉不写作业的坏习惯，教师必须根据他们不写作业的原因，有针对性地进行教育。一般来讲，可分三步走。

第一步：找原因。

多年的经验告诉我，经常不写作业的学生大部分学习成绩比较差，有些由于智力或其他一些原因，造成学习障碍，可是又不想方设法去解决，而是"遇到困难绕着走，绕不过去就不走"；有些可能是聪明但不爱学习，干脆不写作业。但也有极个别成绩好的学生也可能经常不写作业，他们觉得自己学习好，因此耍小聪明。还有一种就是家庭缺乏应有的监督，学生放学后无人管束。这些都是学生不做作业的常见原因。

第二步："对症下药"。

（1）定制度。班级管理方面我采用小组积分的方式，在了解学生的具体情况以后，我将学生按成绩和纪律的综合情况分成6个小组，每天的作业、课堂表现会按照表现计入小组成绩，每天一汇总，每周一奖励。每周获胜组全组会有免写英语作业和小礼物的奖励。

（2）建立良好的师生感情。只有学生愿意与老师沟通，信任老师，老师才可以在交谈之中潜移默化地影响学生，引导学生对学习产生兴趣，激起学习的欲望。

（3）取得家长的配合。老师可以与家长经常联系，家校配合，事半功倍，双方都能及时了解情况，有效配合，帮助学生完成作业。

第三步：及时表扬。

如果不爱写作业的学生从学习中获得了成功感，那么就可能会产生巨大的学习动力。与此相反，如果他们的学习总是失败，就会丧失信心，产生失败感。每周我们班都会评选"进步之星"，侧重纪律、学习和作业方面的表现，被选中的学生可以有积分和物质奖励，大家乐在其中。这样的肯定和表扬，可以树立当选学生在同学中的威信，改变他们的不良学习习惯。

总之，学生不做作业有各种各样原因，需要认真分析、总结。

青岛西海岸新区铁山学校　郑玉玲

育人先育心——学困生转化策略

工作20年以来，我在学困生转化方面颇有一些心得，对每个学困生都会科学分析具体情况，制定精准的转化策略，做到育人先育心。

一、找出症状背后的原因

学困生大多有以下几种情况：不爱学习、不完成作业、不遵守纪律、不团结同学等。虽然表现各不相同，但其实根本的原因大同小异。我们通过科学的方法分析出学生属于哪种情况之后，再"对症下药"，如此，才能在转化的过程中取得事半功倍的效果。

二、制定精准的转化措施

1. 做好家校沟通

家庭教育是根，只有取得家长的密切配合，才能形成合力。与家长沟通的方式有很多，开家长会后单独留下聊一会儿，有针对性地家访，电话联系等，关键是沟通内容的确定。首先，让家长感受到教师的出发点是为了转化学生；其次，教师要做好充分准备；再次，教师要有真才实学，能够提出切实可行的转化措施，特别是需要家长配合的几个方面，教师能够一一罗列出来，具体指导转化的实施步骤。

2. 做好科任老师间的配合

除了做好家校沟通，在学校里，各位科任教师之间的配合也很重要。如果取得其他科任教师的有效配合，共同制定改进措施，或者班主任将自己的转化计划告知科任老师们，多学科、多时段地多管齐下，效果会更好。

3. 关注学困生的心理

了解是理解的基础，只有了解学困生的所思所想，才能理解他们，走进他们的心里。

教师和家长要调整教育方式，关心学生各方面的需求，聆听他们的感受，尊重他们的想法，给他们足够的空间，取得其信任。在生活和学习中，要拿着"放大镜"，多寻找学生的优点，及时进行肯定和鼓励，形成正面强化。而对于出现的惯有的不良行为，先冷处理，淡化反应。让学生感到只有自己表现好才会被看到，有了这种意识上的转变，学生转化就成功了一半。

4. 指导改进措施并抓好落实

学生在学习上只是暂时落后，一旦遇到理解他的老师，不断给予他精神上的支持，那么亲其师、信其道，学习的内在动力就会得以激发，不论是上课听讲还是课后作业，其学习态度都会好转。在良好的学习态度的基础上，教师要指导学困生从基础知识开始抓起，慢慢夯实，每天进步一点点，教师坚持不懈地检查、督促和鼓励。只有抓好落实，学生转化的劲头才不会松懈。通过每天的点滴进步，最终获得良好的转化效果。

三、评价手段多样化

对于学困生来说，想要在日常的班级量化中与其他同学竞争，很难取胜，如果没有单独的评价机制，会打击他们转化的信心和动力。因此，要针对不同的情况，制定不同的评价机制，降低评价标准，实现评价手段多样化。例如，不写作业的同学，每天能写完就可以奖励，书写和正确率有进步的话，加倍奖励。又如，不遵守纪律的同学，每节课只要认真听讲五分钟，教师就应及时肯定，辅以班级内部常用的物质奖励，如星卡或者粘贴。

学困生的评价要做到低标准、低要求，多肯定、多鼓励，一点点细微的进步都要被及时发现并公布于众，学生的良好行为得到及时的强化才能慢慢发生改变。

总之，学困生转化的方法很多，合适的才是最好的。不同类型的学生，需要用不同的方法去转化，教师需要不断学习，在日常教学中不断积累经验，因材施教，才能取得转化效果的最大化。

胶州市第六实验小学　冷晓莉

如何让劳动教育落地生根

劳动教育能培养学生良好的行为习惯，促进智力发展和个性发展，培养学生的兴趣爱好。劳动可以锻炼人的体质，更能培养人的品质。

班主任在班级中该如何落实好劳动教育呢？接下来，我将从承包责任制、评价与总结、家校共育三个方面，分享我的一些做法。

一、实施承包责任制，争做班级小主人

做好班级卫生工作是教育学生养成良好习惯的重要方法，一个班级的整体情况怎么样，从其卫生就可以管窥一斑。因此，班主任一定重视工作，给学生营造一个舒适、整洁的学习环境。我和班长、卫生委员把班级卫生区域进行详细分工，学生承包任务，增强了责任感，减少了工作时当场分配任务的互相推诿或互相攀比现象，节省了重复分配劳动任务的时间，不仅提高了效率，也有利于他们将来走向社会。

二、评价与总结，激发劳动的自豪感

1. 随手拍，晒分享

日常卫生区打扫，班级志愿劳动，我随时把这些场景拍下来，发到班级群与家长分享，并在班上进行展示，表扬这些劳动积极的学生，肯定他们的付出，让他们感受到劳动的快乐和光荣。

2. 评选劳动之星

对于假期在家积极参与家务的学生，我会给他们颁发"劳动之星"小奖状，鼓励他们继续坚持，同时也给其他同学做好榜样。

3. 找问题，改不足

我会鼓励学生积极发现在班级劳动中存在的问题，并定期把它们总结在课件上，在劳动课中针对这些问题一起进行讨论，寻找解决的方法，比如，在值日生打扫包干区时，有同学发现个别值日生在追逐打闹，没有认真值日。我把问题抛出，让学生分小组讨论原因以及解决方法，通过这样的方式，让学生善于发现问题、勤于反思，争取把班级的劳动工作越做越好。

4. 劳动日记

做了的事情，如果能记录下来，一定会印象更深刻。我会让学生尝试写劳动日记，并自愿在班级进行分享，不管写得怎么样，都给予表扬和鼓励，并把这些日记整理成一本班级劳动日记册。

三、家校共育劳动好品质

作为班主任，我深知，家庭教育是劳动教育的重中之重。因此，我充分发挥家委会的纽带作用，携手家长共同关注学生劳动意识的养成与劳动技能的提升，为塑造学生美好的劳动品质夯实坚实的家校合作基础。

根据实际情况，我每个月设定一个家务劳动主题，如制作一道家常美食、洗碗、整理房间。布置的这些劳动任务，我也会让家长们分享劳动剪影，及时做出点评，家长们也非常支持。正如许多家长所言，孩子懂事了不少，知道做一些力所能及的家务，还能体会家长的辛苦。

总之，实施劳动教育的重点是在系统的文化学习之外，有目的、有计划地组织学生参加日常生活劳动、生产劳动和服务性劳动，让学生在动手实践的同时，接受锻炼、磨炼意志。学生也在劳动的过程中体会到了自豪感，这样也就实现了让劳动意识落地生根的育人目的。

胶州市三里河小学　吕小玲

多元分层评价，激发学生潜能

对于一名班主任来说，在班级管理中最难的部分不是制定管理制度，也不是处理应急事件，更不是抓学习、抓常规管理，而是如何对学生的一日行为习惯进行全面、客观的量化评价，使其能够对学生的后期发展有一定的积极促进作用。多元分层评价对学生的导向性强，还可以照顾到各层级学生，及时对学生加以正向的引导，管理维度涵盖了学科、一日常规、日常活动等内容，更好地激发了学生的潜能。

一、注重过程，及时记录

传统的量化评价是一次卷面考试决定学生的一切。这种太过于重视结果而忽视过程表现的考试，无法客观地评价一个学生，不利于培养学生的综合素质。课堂上教师的即时性评价多为肯定性语言，能激发学生的学习兴趣，调动学习热情，但这种激励性的语言转瞬即逝，无法记录下来。因此，我在班级优化大师软件中设置了"举手回答问题"，比如学生积极回答问题，立刻就可以点评并记录，有的学生进步很大，就可以点评为"进步很大"。学生的听讲、书写、发言、背诵这些体现学习态度的表现都可以利用软件及时记录下来。老师和家长在面对学生一点一滴的进步时，会及时给予鼓励，学生的学习积极性也会更高，从而取得更大的进步。而如果看到学生的表现不断在退步，这时老师和家长就可以及时发现苗头而提前去干预和引导学生，从而避免情况越变越差。

二、多元评价，增强信心

美国教育心理学家加德纳曾提出，每一个学生都有自己的智力强项和独特价值，对所有的学生都采取同样的评价标准和评价方式是不合理的。当前世界基础教育课程的功能已发生改变，从传授知识为主转向注重培养学生多方面的综合发展，包括积极的学习态度、良好的学习习惯、健康的身心品质、创新精神以及实践能力等，为学生未来的发展奠定基础。我们借助班级优化大师软件实现了对学生的多元评价。比如有的学生口头表达能力强，课堂上发言积极，但在书面考试时成绩却不理想，如果仅仅依靠考试成绩显然不能全面反映其真实水平。应对学生进行全方位的评价，比如积极回答问题、书写认真、听课专注、帮助他人，从而抓住学生每一闪光点，让学生的学习变得更有信心。这样的评价使每个学生的个性都得到良好的发展，可以照顾到各种层次的学生。

三、养成习惯，转变班风

适当的引导有助于学生形成良好的学习习惯，而良好的学习习惯必须从细节开始。在教学过程中，学生正确的坐姿、读书的姿势、回答问题声音响亮等细节都可以从每一堂课的一点一滴的小事抓起。教师可以通过评价来强化学生行为习惯的转变，同时有利于班级良好班风、学风的形成。

四、家校合作，迅速响应

家长微信群和半年一次的家长会是家长了解学生在校情况的重要途径。学生在校具体情况包括奖惩、作业、好坏习惯等，家长也可以通过班级优化大师软件看到同步数据并迅速响应，同时每一项记录清晰，生成的每一个数据都可追溯到背后的原因、时间并且量化，老师不必花时间去统计总分，一切自动化并可同步给家长手机端。而家长对孩子在校情况一目了然，不用刻意花时间询问老师了。

五、优化管理，提高效率

依靠班级管理软件，可让每一位任课老师参与进来，协助进行班级管理，减轻了班主任的工作负担。

我们班一直都实行小组竞争机制，但是以前小组之间的评比，需要专门的人去计分，有可能出现误差。而借助软件管理可以由班主任和任课教师对小组进行点评并自动计分，这就促进了小组评比的公平性和有效性。各小组间的竞争更加激烈，小组成员相互激励，相互促进，可以提高学生的学习效率，培养学生的团队精神，促进学生的全面发展，进而提高班级管理的效率。

六、增加趣味，活跃课堂

传统的教学方法经常是老师主导课堂，学生被动听课，这往往使得课堂沉闷无趣，而借助班级管理软件则首先可以抓住每个学生的闪光点，配合游戏化的规则、界面、音效和丰富多彩的奖励勋章，激发学生的好胜心和创造力。其次是有丰富有趣的学生头像，随分数增加华丽升级，让课堂充满趣味性。再次，教师可以发送点评，分数排名即时刷新，从而激发学生好胜心，优化课堂氛围。

总之，当今学生是伴随着数字技术发展而成长起来的一代，这要求教师不能再拘泥于传统的形式，而是应该充分利用各种科技方式多元化地评价学生，这样不但可以实现课堂评价的及时性、全面性、公正性，也可以为课堂管理和班级管理提供了新的思路和工具。

青岛西海岸新区双语小学　方安娜

管理有方法，真情最为佳

在班级管理活动当中，班主任的管理目标要贴合学生的成长规律，并且要结合学生的发展需求设计管理方案。为了使学生能够成长为全面发展的优秀人才，班主任要运用有效的管理方法来展开班级管理活动。

一、营造班级学习氛围，建设积极向上的班集体

一个积极向上的班集体，能使学生得到更好的发展，充分发挥出班级管理的价值，树立良好的班风和学风是构建一个优秀班集体的关键。首先，班主任要针对学生的实际情况加以引导，如纠正学生的不良行为习惯、赞扬学生的好行为。其次，班主任可以借助班会等活动形式与学生定期交流，解决学生的一些心理问题、学习问题等，让学生感受到班主任的关爱，从而增强班级凝聚力。最后，可以通过布置板报等形式以烘托学风，增强班级凝聚力。

二、适时进行情感教育，培养学生形成良好习惯

一方面，班主任可以组织一些实践活动，在活动中渗透情感教育，纠正学生不恰当的言谈举止。或者在活动中借由一些小事来引导学生进行思考，促使

学生在思考的过程中感受到良好习惯的重要性，并且能够形成一定的自我约束力。另一方面，可以定期开展演讲比赛，以诚实、守信这类优秀的道德品质为主题进行演讲，以此强化学生对良好习惯的认知，并在演讲活动当中促使学生获得新的感悟。

三、以人为本，创新班级管理理念

小学生的自尊心都比较强，相比于说教，更能接受间接、委婉的规劝。因此，在开展班级管理活动的过程中，班主任要仔细观察和分析学生的心理，对每个学生都要公平、真诚，遵循以人为本的班级管理理念。在开展班级管理活动的过程中，班主任得到学生的支持才能实现有效的管理。例如，在学生遇到一些生活和学习上的困惑时，班主任要从学生的角度了解具体情况，并且从学生的角度出发寻找解决问题的方法；在日常学习生活中，班主任要与学生有效互动，从而能够在真诚交流的同时解决学生成长中的疑惑。

四、班级管理施行轮岗制度，增强学生参与度

班级管理离不开班主任和学生的共同努力，为了保证班级管理工作的有效化，促使高质量的班级管理活动为学生的学习和成长带来更多的帮助，班主任要避免大包大揽，应将班级管理责任落实到每个学生身上，使每个学生都能得到相应的锻炼。例如，班主任可以将班级学生分组管理，日常班级作业的布置以及一些教学活动的安排都由小组长进行传达。小组化的管理方式更具针对性，并且能帮助学生之间进行有效互动。小组长的岗位要进行轮岗制，由小组成员轮流担任，让每个学生都能参与到班级管理当中。一方面，班主任能留出更多的时间进行教学，另一方面，学生也能得到锻炼，提高个人能力。这样的班级管理工作模式彻底打破了以往陈旧的管理模式，使班级管理工作焕发了新的生机。

管理有方法，真情最为佳。在现阶段的小学班级管理活动当中，为了促进学生健康发展，班主任一定要合理地设计班级管理方案，以真情感染学生、以关爱引导学生，促使学生在积极参与班级管理活动的同时，顺利开展学习活动。

胶州市三里河小学　杨君晗

育人故事

第二篇

爱与责任——我的幸福密码

幸福是什么？教师的幸福又是什么？

我想，幸福其实就是一种感觉，是一种心灵的体验。对于教师来说，教书育人不是付出，而是获得；不是重复，而是创造；不是岁月的消磨，而是生命的延续；不是谋生的手段，而是生活本身！在平淡中享受精神的愉悦，在工作中体验不期而至的快乐，在课堂上感受智慧的魅力……我想，这才是为师者实实在在的幸福。

20多年前，满怀憧憬的我踏上了向往已久的三尺讲台，开始了向往已久的幸福之旅。可真正融入其中我才发现：教师的工作并不是我想象的那般诗情画意。在我迷惘之际，一位老前辈为我指点了迷津：把爱放在心头，把责任担在肩上！正是这句话，让我铭记了20多年，也践行了20多年。从那时起，我抛去浮躁，俯下身子，静心教书，潜心育人。课堂上，我用尽所学，让知识在快乐中传递，智慧在愉悦中碰撞。在与学生相处的时光中，我深深意识到：只懂教书不会育人，不是一个合格的教师。为此，我和他们一起玩，一起学习，在深受学生喜欢的同时，我也深深感受到了初为人师的幸福。

人生充满了机遇与挑战，打破现状方能领略别样的精彩。事实证明，选择教育，是我的幸运；学生选择了我，是我的幸福。在与学生共同成长的岁月里，在忙碌与充实的日子里，我付出着也收获着。记得教寄宿学生的那十几年，虽然有苦有累，但看到学生在学校里能自己井井有条地打理生活，我是幸福的；欣赏着一行行清秀、工整的正楷字，我是幸福的；阅读着一篇篇流畅优美的文章，我是幸福的；和学生一同在比赛中获了奖，我是幸福的；陪伴学生以优异的成绩升入理想的学校，我是幸福的；面向全校其他老师，和学生一起展示课堂的精彩，我是幸福的；精心撰写的论文变成了铅字，我是幸福的……生活，就在这些不经意的幸福中异彩纷呈；生命，就在这最平凡的幸福中更加厚重。

爱与责任就是我教书育人的幸福密码。学生寄宿在学校，他们的衣食住行、吃喝拉撒，事无巨细，点点滴滴，老师都要关心。于是，我又有了双重的身份：老师+妈妈。像对待自己的孩子一样关心、呵护他们，做他们的知心人、贴心人。由于经常让学生往我的邮箱里发征文，他们就记住了我的邮箱地址，偶尔发现有学生试探着给我发几句问候的话或发一个小卡片。于是，我灵机一动，就专门为我班的学生建立了一个"知心邮箱"。

我把沉甸甸的爱与责任同样也倾注于课堂教学。在长期的语文教学中，我深深体会到：语文教学是雕刻心灵的艺术。要想取得理想的教育效果，不仅要有善良的动机和满腔的热情，还需要有灵活的方法和创新的思维，能够与时俱进、敢于突破。在新课改的浪潮中，我没有安于现状、墨守成规，而是积极参与学习，用心研磨教学模式，精心打造高效课堂。结合具体课例和自己的教学实践，把新课标精神进行了实实在在的内化。学生在自主探究的课堂中快乐学习，我也从中真真切切感受到了教学的快乐。这种境界，不正是我所追求的幸福吗？

每当看到学生稚气的眼神，我感觉自己仍像他们一样年少，充满活力。他们纯洁的心、圣洁的情、深厚的意，净化了我的心灵，激起了我对教育事业深深的爱，我真正体会到了作为一名教师所拥有的幸福和快乐。

胶州市北京路小学　刘金娟

赞美的"魔力"

热切的期望与赞美能够产生"魔力"：期望者通过一种强烈的心理暗示，使被期望者的行为达到他的预期要求。"罗森塔尔效应"在教育中，同样有这样的效用。教师一句真诚的赞美、一个善意的表扬，有时会在不经意间改变一个学生的命运。

班里有一个男生，平时读书不张嘴，写字不动笔，经常上课捣乱，影响他人。他总是和同桌抢橡皮、抢尺子，和前后桌争地方，总是嫌别人不给他留出位置；课间出门就跑，跑的过程中顺手还要打一下别的同学；不管谁说他一句，他都会很生气，发一通脾气趴在桌子上哭……真是班里的"讨人嫌"。

这可怎么办？我和他谈了几次话，也没有太多效果。我常被他弄得焦头烂额，正在"山穷水尽"时，一次心理培训让我"柳暗花明"。在那次的心理培训中，老师讲到了焦点解决技术，我想这不正是解决我们班这个男生的问题的好办法吗？

那天下课，看到他正在努力地练字，我就很自然地走到他的身边，真诚地对他说："看，你的字写得多漂亮，只要努力，你会很棒！"这时，他抬起头，一脸的惊喜："老师，真的吗？"我一看他的反应，心里有了底，继续抓住这个宝贵的机会对他说："是啊，你的努力和认真，老师都看在眼里，你刚刚认真、努力写字的样子真的很帅。"从那天以后，这个男生像是变了一个人似的，上课回答问题特别积极，下课的时候就来找我聊天，和同学的关系也变得越来越好了。

真诚的赞美有如此神奇的"魔力"，它可以改变一个调皮的男生。心灵如水般透明的学生，需要我们用心呵护和赏识。让我们把赞美的阳光雨露洒向每一个学生，让学生们都能健康快乐地成长！

胶州市第六实验小学　刘润红

38秒的故事

今年换了一个特别大的教室，一看到这个教室，我就开始在心里谋划：学生全部落座后还有四五米的空地，如果把课桌往前调一下，就可以让全体学生躺下午休。可是，学生的书包在椅子上放着，桌面上全是书本等学习用品，如果空出地方，需要把椅子搬到桌子上，然后所有桌子往前集中到一起，还不能挤到学生……这绝对是一项大动作。怎样才能做到短时间内有序完成呢？我开始思索。

没错，要分步骤走——先收拾桌面，再把书包放到地上，为后面搬椅子做好准备；然后把椅子搬上桌子，接着把书包放在椅子腿中间的空隙里，最后把桌子向前推，集中起来，从第二排依次进行。我把这称为"课桌集中五步法"。步骤清楚了，接下来就是实践了。能不能达到预期效果，还要实践，在实际操作中找出不合理的环节进行调整。

于是，我专门挑出一节课进行演练。学生兴致很高，但是起初不少人记不清楚步骤，导致有些混乱。我们就停下来，让听懂的学生再讲一讲，学生们一个个跃跃欲试。再来，结果有的足足一分半钟还没搞定。有的学生已经开始帮助自己身后的同学往前拉，这样一个推，一个拉，桌子移动速度快多了。开启秒表，学生们快速行动，没有人说话，都在默默地移动，很快，全班迅速静下来。

38秒！

每个学生脸上都洋溢着胜利的喜悦，好像他们攻克了什么难关。我忽然想到，魏书生老师也曾在《班主任工作漫谈》中提到在短时间内完成班级一些常规事务。比如，15分钟结束大扫除，一分钟全班调好座位，两分半钟收好书费。其实有一些看似麻烦的事情，只要把步骤设计好，学生就可以做到。而这种计时活动又颇有趣味，让学生感觉紧张有趣，培养了学生个人与他人、与集体密切协作的品质和效率感。

桌子排好了，还要铺午休垫，这项工作就交给学生来讨论完成，让他们也体验一下运筹帷幄、决胜千里的成就感。于是我问学生们"铺垫子怎样能快速有序？谁有好办法？"一石击起千层浪，学生开始头脑风暴，不一会儿，一双双小手就高高举起。

"老师，应该排着队，每人去拿自己的垫子。"

"那样太慢啦！"

"应该先把同学们的位置固定下来，这样每次都睡在同一个地方，便于管理。"

学生们都看向这个声音，表达对这个意见的认同。

"应该找两个人专门负责，这样人手少，反而会更快捷。"

"老师，我愿意负责！"

"老师，垫子可以把正面对在一起，一组组地放。这样搬动的次数会大大减少。"

"这个办法好！"有人竖起了大拇指。

"老师，应该从右往左依次摆垫子，这样下次分垫子时就很有序了。"

你看，学生的智慧真是无穷的，有时他们比老师想得还要周到。

班主任工作需要用心，还需要有智慧，有时还要发挥学生的聪明才智。接下来我们又用此方法，制定出了每月轮换座位的步骤，有了前面集中桌椅的基础，换座位简单多啦。

这就是开学短短两个周，我与学生的小故事。我想，在以后的日子里，他们无论面对什么事情，都能很快梳理出解决的思路，一步一步，有条不紊。他们也会深深地认识到，只要用心去做，就可以成为更好的自己。

山东师范大学瑞华实验小学　李盛花

其实，我也很重要

一线班主任经常会遇到各种各样的学生，不论什么性格的学生，都渴望被老师和家长关注，他们也在努力向身边的人默默地证明："其实，我也很重要。"

比如，我班有个小H同学，上课脱鞋、下课打闹、作业糊弄、检测交白卷，父母以为他是多动症，带他去医院检查、开药……种种迹象表明，这真是个令人头疼的学生，他通过不断暴露自己的缺点和不足，来获得老师和家长的提醒和批评，从而达到被关注的目的。

一、接纳

我们无法要求每个学生都能达到我们心目中的标准，成为一个完美的小孩，因此要尝试接纳学生的一切。我接纳了小H同学，先理解他的种种行为：有的是因为他调皮，有的是因为我们对他的正面关注不够。理解了他之后，给予全身心的接纳，让他感受到我对他这个生命个体的尊重。

二、关注

成功的教育离不开家校的通力合作，因此我积极与小H同学的父母联系，先给他们宽心，再让他们停止给小H吃药，不打骂他，配合我一起正面管教，对其不是原则性的错误予以漠视和原谅，积极关注他表现好的地方。家校的有效沟通，形成了关注的合力。

三、信任

要相信每个学生都有一颗向上、向善、向好的心，学生做的任何事情，出发点基本上都是好的，即便办砸了，也不要急着劈头盖脸地训斥和责骂，先选择相信他，平心静气地了解一下他的初衷，在出现的问题上进行指导和帮助，让学生在下次做类似的事情时，有章可循、有法可依。

四、鼓励

每个人都要有梦想，有奋斗的目标。作为学生的引航人，教师要帮助学生树立远大的理想，并不断鼓励他朝着自己的目标奋斗。鼓励的方式有很多，摸摸头、语言表扬、坚定的眼神、温暖的拥抱，都可以给他无限的温暖和力量。

五、巩固

学生的进步要及时表扬，反复提、反复说。小H某次作业全部正确，我经常拿出来说一说。每次"旧事重提"之后，他的作业水平就会有新的进步。我们要对学生难得的好表现"念念不忘"，促使其不断进步。

当我给予这个学生一系列的、不间断的正面关注，让他感受到老师和同学以及父母对他的爱后，他的许多不良行为得以改善甚至消退。我始终坚信，我们要先付出爱，让他得到爱，感觉到自己的重要性，他的心才会变得柔软、温暖，并学会表达爱。

从小H同学身上，我发现了积极乐观、真诚认真、主动调整的优秀品质。仔细观察我们就会发现，这些所谓的"问题学生"只是缺少正面关注，若是能及时发现学生的问题，及时给予足够的爱、足够的关注，他就会不断向上、向善、向好！

胶州市第六实验小学　冷晓莉

小爱多彩，大爱无痕

有一份职责，叫不放弃任何一个学生；有一份义务，叫教育每一个学生，尽我们所能，拼尽全力！今年有幸加入陈密芝名班主任工作室，通过一系列的读书学习，我更加笃定了这份责任。李镇西老师在《做最好的班主任》中提到，有一样东西是任何教学大纲和教科书、任何教学方式都没有做出规定的，那就是儿童的幸福和充实的精神生活。而转化学困生，从某种意义上讲，就是还他们以本来应该拥有的幸福和充实的精神生活，这必须从他们独特的精神需要入手。

阳阳是我接班时就被告知的学困生，六年级了还不会写自己的名字，"画"出来的姓和名也是倒置的。开学第一天，看到她清澈的眼眸和丰富的语言表达，我无论如何也想不到她不会写名字。所以，我借发书写姓名的机会了解了她的情况：她确实不会写自己的名字，而且对于学科知识更是一无所知。第一节英语课，我们学习的是地点名词，学生第一次和我配合上课，难免有些紧张，举手的不是很多，但是阳阳的小手却高高地举着，看着她期待的眼神，我微笑着让她跟读了几个单词，她发音准确，信心十足，赢得了大家的掌声，带着大大的满足，这节课她特别自信。在接下来的课堂上我都会给她发言的机会，一段时间以后阳阳的笑容更多了。这件事在班里也引起了反响，很多学生在每周的"悄悄话"笔记里写道："老师，您真有爱心，上了这么多年学，没有老师提问过阳阳，只有您给她机会，让她有了自信。老师，希望您以后多提问阳阳，给她更多的机会……"这让我又一次明白：其实教育很简单，学生的自豪感也很简单，只是老师的一次提问、一句问候、一个微笑而已，对学生尤其是经常被忽视的学困生而言，能照亮他们的整个世界！

今年，全区教师和学生全部使用智慧课堂进行授课，每个学生一台电脑、一个账号和独立密码。第一次拿到平板电脑，很多学生不是忘记账号就是不知道密码，所以用了整整一节课学生们才好不容易把平板调试好。第二节课我刚要开始上课，阳阳就高高地举起小手，叫起来一问原来是不知道账号和密码。我给她查了账号和密码，顺利登录的一瞬间，她直接在我身后拍手蹦了起来："老师，我要做英语题，老师我要读英语，您告诉我怎么进入。"她的激动让我心里暖暖的，我希望她永远这么快乐，健康快乐地成长就是教育的目的，我相信也是父母的心愿。学生的未来并不是只有一条出路，只要尽力去学，快乐享受童年，何尝不是一件有意义的事情！

现在的阳阳，不仅能规范地写好姓名，还时时处处为班级做好事：捡起一点垃圾、帮助同学擦黑板、给老师递个东西、上课认真听课……总之，她的进步有目共睹，也许学习上她是弱的，但是在其他方面她是优秀的，没有人会因为学习来否定她的可爱！国庆假期阳阳还一遍又一遍地下载英语学习软件，希望能学到更多。她的求知欲和对老师的喜欢是谁也无法抹去的……在今后的工作中，我会一步步引导、一点点感化，哪怕是一点点进步，对她而言都是最好的成长礼物！

阳阳的事例告诉我：教育要以人为本，倾注师爱。我们必须承认教育的对象是活生生的人，教育的过程不仅仅是一种技巧的施展，而是充满了人情味的心灵交融。"一把钥匙开一把锁"，每个学生的实际情况不同，我们必须深入了解学生各方面的情况，才有发言权，才能保证达到教育的有效性。正如王晓春老师在《做一个专业班主任》中说的那样，师爱也是一种隐性"武器"，最好让它静悄悄地、润物无声地发挥作用。的确，小爱多彩，大爱无痕！

青岛西海岸新区铁山学校　郑玉玲

让我们温柔以待每颗童心

每颗童心都渴望被老师温柔以待。做有温度的教育，成为我们每个教育者自觉的追求。当我们用一颗温润之心去对待学生时，我们会看见一道别样的风景。

班里总会有一些"特殊"的学生：听讲不认真，经常与同学发生矛盾，作业完成不认真……小A就是其中的一个。对他，我通常会进行严厉的训斥。刚开始，训斥是有用的，他会低着头认错，或是消停几天，或是补上作业。但久而久之，训斥变得乏味、无力，老师怒不可遏，但丝毫没有教育的效果。

有一次，在课堂上，我站在小A身旁无意地说了一句话却吓得他一哆嗦，那一刻，我也愣了。我有那么吓人吗？是他走神了，还是他经常挨训的原因呢？我不由得反思自己。

第二天课间操时间，我找小A聊天，不再像以前那样凶巴巴的，而是换成了温和的态度、和善的口气。当我就自己的"冷酷无情"向他道歉时，小A抬起头来，露出惊异之色；当他听到我表扬他早读来得早，每天给班级服务时，他露出了欣喜之色；当我和他约定帮他进步时，他的眼圈红了。我知道，我的改变正在他身上发生"化学反应"。

后来，小A的表现让我喜出望外，他和同学之间的摩擦也少了，小组合作时不再是"多余人"；课下主动来找我要小卷，晚上再写一遍；主动找数学老师补课……看到小A的变化，我不胜欢喜。

正因为老师对学生温柔以待，学生的心变暖了，学生的心与老师贴近了，教育的效果更好了。

春风化雨，润物无声。正像泰戈尔所说，使卵石臻于完美的，并非锤的打击，而是水的且歌且舞。温柔是一剂甜蜜的教育良方。因为温柔，学生的成长更加健康；因为温柔，我们的师生关系更加和谐；因为温柔，我们的教育更加美好。

胶州市三里河小学　臧远宏

幸福地走在成长的路上

幸福是什么？有人说，幸福就是一种感觉；有人说，幸福就是树立一个目标而最终实现的那种喜悦；有人说，幸福就是一种有结果的等待……我也常想这个问题，有时觉得没有什么答案，有时又觉得有说不尽的答案。

"幸福就是爱的传递，在教育行为中传递爱、延续爱。"初为人师，我的师傅告诉我，这就是作为一名教师的幸福。

陶行知先生曾说，爱是一种伟大的力量，没有爱就没有教育。教育的最有效手段就是"爱的教育"。作为一名平凡的教育工作者，我深深懂得，教育是爱的事业。这种爱是"一切为了学生，为了一切的学生，为了学生的一切"的博大无私的爱，有崇高的使命感和责任感。爱是一种信任，爱是一种尊重，爱是一种鞭策，爱更是能触及灵魂的教育过程。教师应当有爱的情感、爱的行为，更要有爱的艺术。怀着对教育的满腔热情，我品尝到了初为人师的幸福。

但是工作几年后，每天忙碌不堪而又单调的日子，让我觉得像是上了发条一样活着，实在是疲惫。我开始怀疑我的选择，开始不断地抱怨甚至想退缩。我觉得自己怎样也无法走进学生的世界，融入这样的工作和生活。那时的我仿佛坠入了痛苦的深渊，有种泥牛入海的感觉……

日子就这样在波澜不惊中一天天过去，我的心绪也一直在黯淡中起起伏伏，直到那件事的出现——

那是一个下雨天的早晨，学生都已到校了，组长正在认真地检查并收取昨晚的数学家庭作业本，最后，课代表把各个小组的本子交了上来，并递给我一张纸条，上面写着：馨馨没交作业，她忘带了。我一看皱了皱眉，马上把馨馨叫到跟前，用严厉的眼睛盯着她，她就像一只受了惊吓的小鹿，惶恐地望着我。"你没做作业就直说，为什么要说谎骗人？"我对她嚷道。可她却说："我做了，但我昨晚忘记拿了……"馨馨使劲地向我解释，我却打断了她的话，并加重了语气："别再说了，给你扣2分班币，快去补上！"馨馨把想说的话咽了下去，委屈的泪水夺眶而出，慢吞吞地回到了自己的座位。

在我的眼中，馨馨本来是一个很不错的学生，可有一段时间，她老说自己的作业本忘带了，我相信了几次，结果让我很失望，她根本就没写。从那以后，我把她列入撒谎、不听话的学生行列。一连几天，我认为这件事就这么过去了，后来，她妈妈给我打了电话，说上次馨馨的作业确实写了，只是装书包的时候没有装进去，说自从那一次以后，馨馨都是回家就写作业，做完了作业就把作业放进书包才上床睡觉，还说"老师为了我操了许多心，我对不起老师，以后，要认真、按时做好作业"。听了馨馨妈妈的话，我的心里隐隐作痛。

为人师者，都知道热爱学生是天职，"热爱"一词蕴含着对学生的信任、关心、理解、尊重。如果教师的估计出了错，极大地不信任学生，很容易教育失当，从而降低自己在学生中的威信，也容易让学生对老师产生积怨和抵触情绪，甚至会与教师的期望背道而驰。要知道，学生也有强烈的自尊心，他们希望得到教师的重视和尊重。因此，教师更要尊重学生的人格，在教育教学中相信学生、尊重学生、理解学生。

这件事如一束光照亮了我，渐渐地，我又找回了当初的感觉！在工作中，我感受到了从未有过的成就感，越来越喜欢和学生在一起并感受到了那份纯粹的快乐；我也越来越喜欢上课了，上一节成功的课，是一种别样的享受！这一切的改变，都源于学生稚嫩纯净的心，他们也改变了我，改变了我对工作的态度、改变了我对他们的态度，改变了我对生活的追求。

现在，我不断去了解班里每一位学生，努力读懂每一颗小小的心。学生渐渐地长大了，也开始明白老师对他们的用心了。我经常会收到一些小贺卡，上面写着"老师辛苦了""老师我爱您""老师注意身体"等之类的话，每每看到，我都觉得很幸福。

学生的心，让我动容。

原来，幸福一直在这里！教师这个职业让我觉得幸福竟如此简单；学生的一句问候，师生之间一个默契的笑容，学生的一点进步，他们一次发自内心的掌声……幸福是一个创造的过程，幸福是一段漫长的征程，是有深度的，是由内而外的一种欢愉，是付出了耕耘的一种收获。它不需要表白，更不是用来炫耀的，它是用来静静感受的，就像欣赏宇宙星空一样，在沉默中享受它的博大精深。

走在成长的路上，幸福像花儿一样的惊艳！我陪着学生慢慢长大，学生陪着我慢慢历练。期待着这些小花静静地绽放，绽放出属于自己的那份美丽！

青岛西海岸新区双语小学　方安娜

班主任需要这点"小心思"

班级管理中有许许多多的学问。教学常备常新，班级管理也是如此。上学期开学初我就在思考：这个学期怎样开展工作更能贴合学生的年龄特点和兴趣呢？一个偶然的课间，天空十分阴沉，像是马上要下雨的样子。我漫步在操场的花园边，无意间发现很多蚂蚁在搬运一个体积远远大于它们身体几十倍的食物。当时的我深深地被这群团结力量强大的蚂蚁感动了。有了！前几天还在冥思苦想的管理问题有眉目了！

我高兴得像个学生似的，不停地对自己说："我们四年级二班不正需要这种蚂蚁的精神吗？蚂蚁是团结的象征，也是力量的象征。42个同学42只蚂蚁。对！号召全体同学学习蚂蚁精神，时刻记住团结就是力量。手拉手共同进步是我们不变的信念，憧憬未来、做好时代的主人是我们肩负的责任。"站在我旁边的学生见我自言自语，好奇地问："吕老师，什么事让您这么高兴？""哈哈，老师有了使我们班变成优秀团体的'法宝'了！"

蚂蚁的团队精神得益于它们的组织严密、分工精细，每只小蚂蚁都有明确的分工，都能尽职尽责。我决心把四年级二班打造成一个大蚂蚁团队，全班42名同学分成10个小蚂蚁团队，每个同学都是一个小蚂蚁。平时在团队中开展竞赛，让同学们互相帮助、共同进步，最终目标是组建成一支永不放弃、全力以赴的蚂蚁团队。

班会课上，我跟学生说了我的想法，没想到居然得到他们的热烈响应，不到十分钟，一个个小蚂蚁团队就自由组成了。每个团队的名字也从他们的小脑袋瓜里产生了，分别是：向日葵、钉子、智慧、奋进、超越、阳光、雨滴、恒心、爱心。带着大家完美期望的小蚂蚁团队诞生了，怎样发挥作用呢？这又是我要思考的问题。为了使竞争真正成为动力，而不是成为伤害，我结合学校大队部的管理创意，又借鉴了魏书生老师的班级管理经验，在班级中设立学习、卫生、纪律、做人等方面的奖牌，每个小蚂蚁团队齐心协力去争夺金、银、铜牌，由学生集中投票选出班级中最公正、责任心强的8名同学做监督员，每天监督检查，每周汇总公示，每月评比颁奖。这样同学们在比、学、赶、帮、超中能力得到了锻炼和发展。

开始实施以后，我们班的早自习、午休、课间纪律等都有了明显的转变，本来自觉性不强的学生，在本团队同学的提示和帮助下也很快进入学习状态。尤其令我惊喜的是，原本几个上课不大发言的同学，在团队的带动下主动参与到小组讨论活动中，在全班的小组展示中，能够大胆展示和发言。大家的一次次精彩表现让我不由得对他们刮目相看，我一次又一次对他们伸出大拇指，学生们兴奋得小脸通红，眼睛里盛满了浓浓的笑意和满满的自豪！在这样的小组合作模式下，学生的积极性被调动了起来，有能力的同学发挥自己的聪明才智，学习吃力的同学，潜能也被充分挖掘出来。我暗自庆幸团队力量的神奇！

高兴的同时我没有止步，而是继续思考着良策。我和宣传委员商量着选一支班歌，最终选择了《团结就是力量》。歌声每一天都会从我们教室里传出，不仅振奋人心，也教会大家应怎样去做。就拿一年一次的红歌比赛来说，班干部积极行动起来，又是秘密开会，又是征询音乐老师的意见，在全班召开动员大会。同学们掀起了大练红歌的热潮，课间、午休、自习课，到处都能看见同学们投入练习的身影，而且各项活动都有人负责，人人都忙得不亦乐乎。家委会也参与了进来，为我们买来了漂亮的服装和配饰。团结的力量毋庸置疑，我班最终获得了红歌比赛的第一名。

惊喜接连不断，我班在学习、纪律、卫生等各项比赛中，多次获得优异成绩，大家体会到了团结合作的优势。本学期我班主持升旗仪式时，我和两位班长商量想借此机会展示一下我班的精神面貌，她俩一听兴奋了："这正是同学们想要的机会，老师，交给我们了！"接下来的写稿、选人、排练等，我这个班主任就是过过目，一切都悄悄地进行着……周一的升旗仪式顺利举行，同学们平日的良好习惯得到了很好的展示，台下一片掌声，大家心里又乐了！

这次班级管理尝试收效是显著的，大家干劲儿更足了，团队是向上的、有凝聚力的。也许，班级管理有时不是要花力气而是要花心思，这就是班主任工作的艺术吧。

胶州市三里河小学　吕小玲

智慧育人，遇见美好

与教书育人这项事业相遇，是幸运；与学生相遇，是缘分。有人说，当教师累，当班主任更累，的确如此。但如果我们换一个角度去想、去做，也会发现，其实班主任是最幸福的那个人。我们很幸运，能遇上学生最美、最纯真的一段时光，只要我们心中有阳光、有清泉，我们与学生相处的岁月就永远是春天有花开、夏天有清凉、秋天有收获、冬天有暖阳。回首过去，那一份份美好禁不住流淌于笔尖。

一、合作学习——互学互鉴共成长

"独学而无友，则孤陋而寡闻"，通过小组合作，实现"兵带兵、兵强兵"的效果，优生更优，差生提升！小组合作学习，组长是关键。优秀的组长会让整个团队高效前行。十全十美的组长是不存在的，好组长需要用心培养。所以，需要通过各种举措来激发组长的"领头雁"作用。在实施小组合作学习的初级阶段，我培养了一批优秀的学习组长。

一是职权下放。在小组合作学习的过程中，我退居幕后，把组长推向前台。每组建一个小群，组长是群主，给予他们充分的自主权，在组内，组长的角色就是老师，可以行使老师的一切职权。当然，当他行使职权受阻的时候，可以随时求助于我。

二是搭建"舞台"。除了全班固定的作业检查外，其他事项我极少给组长统一规定，而是让他们自由发挥，充分施展自己的本事，各尽所能地想办法、出点子，带动组员共同进步。当我看到哪个组长的做法可行时，就在组长群里表扬，这样其他组长也会效仿，甚至在此基础上再创新。事实证明，组长的潜能的确是无限的，我能想到的他们想到了，我想不到的他们也能想到。比如疫情期间，学生都在家里线上学习，这段时间组长们充分施展出了他们的"领导"才能。他们会制定一周的自主学习课程表，语、数、英三科合理分配时间，定期抽查前面学过的知识点和当天的课堂笔记，还会通过视频会议的方式听写生字，甚至在自己小组钉钉群内建立家校本，设置背诵打卡任务等；周末也像老师一样出题考试，给组员发电子奖状。课堂上老师讲的重要知识点和难点会再讲解一遍并录制成小视频发给同学看……有时，他们也会进行小组间的合作，两个组共同推出一个小老师来讲题，或者两个组举行网上辩论赛，我就在一边安静地听，特别有意思。总之，一个小组就是一个缩小版的班集体，即使只有四个人，也有着广阔的舞台。组长之间互相比着干，虽然他们付出的时间和精力最多，但无论从学习还是工作能力以及人际关系上，他们的收获也最多。

三是及时反馈。在每个小组热火朝天地分头行动时，我所做的就是听其言、观其行，按时去每个小组群里逛一逛，悄悄地查看情况，一般情况下不做干预。如果发现问题就在组长群里进行反馈。每天一反馈，一周一总结，一月一表彰。我和组长一周召开一次碰头会，交流情况，分享经验，表扬典型。同时，我也鼓励组员要积极拥护自己的组长，如果学习进步了，建议他们向组长表达谢意，既是让大家学会感恩，同时也会让组长有成就感与满足感。

二、阅读与观影——拴住腿，管住嘴

随着学生年龄的增长，到了高年级，我们都会明显感觉到，他们不再像低年级的时候那样单纯和听话，心思更复杂了，甚至还学会了跟老师斗智斗勇。最让老师们头疼的是，学生浮躁、逆反，不按常理出牌，还火气十足。面对这种情况，硬碰硬则两败俱伤；老师太柔太软，只会让某些"捣蛋鬼"得寸进尺。最好的方式就是做一个理性的班主任，不发怒、不焦躁，运用智慧，暗暗出招，不动声色地熄灭他们躁动的火苗。

我的办法是让学生有正经事做，拴住乱跑的腿，堵住乱叫的嘴。当然这个正经事一定是他们喜欢的，排除布置课间作业这种让他们反感的事。

阅读可戒除躁气。我觉得，让一个学生不张扬、不浮躁最有效的方法就是读书。书是能让一个人沉静下来的良药。为了防止学生课间打闹喧哗甚至跑出教室去惹事，我在教室的图书角放置了足够的图书。除了学校图书室提供的班级流动书籍外，我又鼓励学生从家里拿书，把自己喜欢的书带到学校，写上姓名，填充到书架上，与其他同学分享。有了好书的吸引，他们也就没有心思去吵闹了。可能有的学生不喜欢读书，但是一个影响两个，两个影响三个，越来越多的同学选择了安静地读书休息，带动了全班同学课间读书的氛围。课间的教室成了图书馆，即使剩下几个不爱看书的学生，也不好意思在安静的环境里喧哗了。学生爱上了读书，就会把书当作好朋友，时时刻刻书不离手，甚至连排队打饭的时候也会不吵不闹地安静阅读。

经典电影愉悦身心。好的电影和书籍一样，对人的影响力是深远的。每天早晨，总有几个早到学校的学生，我提前准备好适合学生观看的经典电影存放在电脑上，如《城南旧事》《鲁滨孙漂流记》《草房子》《尼尔斯骑鹅旅行记》，指定一个每天早到的同学负责播放。这样，每天的这段时间，早到的同学都会坐在教室津津有味地看电影，愉悦了身心，也舒缓了紧张的学习压力。当然，内在的收获也是不言而喻的。

三、拨动心弦——做教育的有"心"人

随着社会的发展，有些传统观念及教育方式已经不适用于现在的学生。在这样的情形下，如果方法不当，不仅毫无效果，弄不好还会适得其反。只有理解学生的行为、懂得他们的心思，才能正确地实施引导与教育，就像大禹治水，疏而不堵才是科学合理的方法。

首先，要善于观察，摸准学生的心理。青春期的学生，心思最难懂。任何的暴躁情绪或沉默不语的表现都是有原因的。摸准学生的心理，才能"对症下药"，有针对性地进行疏导和转化。

我前两年曾经教过一个男生，他是那种看着很乖、学习认真、在老师面前极少犯错的同学。可是从五年级下学期开始，每次重要的考试成绩，他的成绩总是出乎意料地不如意，远远低于他平时的真实水平。每次考差了，他就更努力地学，可是成绩却是一次比一次差，批评、鼓励都不管用。直到后来上了六年级，一天，他妈妈告诉我，说他睡不着觉，尤其是考试前夕，几乎天天失眠，情绪也很烦躁，但在学校却强撑着不表现出来，怕同学笑话。家长也意识到学生的心理出现了问题，却不知如何是好。在和家长一番深谈之后，我找到了根源。其实这个学生在班里就是一个中等偏上的水平，但他听话，学习认真，是那种让人挑不出毛病的学生。家长也以他为荣，经常在亲朋好友面前夸他，于是，他在亲朋好友圈里就成了那个典型的"别人家的孩子"。光环戴得久了，越来越让他感到力不从心，甚至不堪重负，但他又不想让父母丢脸，越想考个好成绩，越不尽人意，逐渐形成了恶性循环，最终导致了心理上的焦虑和对考试的恐惧。

分析了原因后，我循序渐进地对他进行了疏导。先是通过班会和心理课教学生如何释放压力。这个学生很聪明，回家跟家长说，觉得老师的心理课是专门讲给自己听的。后来我多次和他交流，在学习和平时的活动中，有意识地引导他学会把某些让自己感到疲累的东西丢掉或放下。庆幸的是，他配合得非常好。慢慢地，他卸去了思想包袱，学习更积极上进了，压力越来越小。2019年毕业考试，他语文成绩优异，考了111分，自己和家长都非常满意。更可喜的是他思想意识上的转变。他一直向往的学校摇号没摇上，虽然遗憾，但他信心满满：三年后一定会考上一中的。从字里行间不难看出，他已没有了负重感，而是能正确面对不如意，轻松迎接新的挑战。那一刻，我心里特别欣慰。

同样是心理问题，每个人的情况并不相同。作为老师，我觉得全面深入地了解学生、拉近师生之间距离最好的方式就是聊天。面对面聊、微信聊都是不错的方式。尤其是在疫情期间，学生在家和家长相处久了，难免会压抑。于是我就专门设立了聊天专线，学生如果想和我聊聊天，就提前预约好时间，我们通过微信在约定的时间聊天，聊生活，聊各自的开心事，极少聊学习，除非他自己主动提起。每次聊完，学生都会发自内心地说一句："刘老师，和你聊天真开心，我想下次再和你聊。"

共情是一种体验别人内心的能力。当学生有了烦恼向我们倾诉时，给他讲道理或者帮他想办法解决都是行不通的，这些可能他心里都懂。在这种情况下，学生需要的是一个能释放内心不良情绪的宣泄口。就像一个气球，里面已经充满了气，继续充气或者撒手放飞，结局都是会爆破的。在聊天的过程中，我们可以根据学生的言行，去洞察他的内心，体察他的情感、想法，同时把自己的同理心传递给他，这样他就会感到自己被理解、被接纳，进而感到愉悦、放松，这就是共情。

印象最深的是我曾经教过的一个毕业班的班长，她活泼开朗，工作时大胆泼辣，社交能力极强。可就是这样一个女生，却有着严重的心理问题，一度想自杀，有时候控制不住自己的情绪想去伤害别人。每当这时，她就咬自己的胳膊，胳膊上留下了一个个伤痕。而这一切，如果不是她亲口告诉我，我怎么也想不到这样一个性格外向的学生心理问题会如此严重。我很庆幸，她信任我，主动找机会向我倾诉了这一些。那天放学后，我们在办公室聊了近一个小时，我也了解了造成学生心理问题的根源：父母之爱的缺失。虽然是原生家庭，父母看上去也很爱她，让她衣食无忧，但几年来父母一心挣钱，对她缺少陪伴、缺少交流。之后，我先委婉地与家长进行了交流，家长好像很回避学生有心理问题。于是，我就告诉学生，在家时可以随时跟我交流。有时候，她自己在家写着作业，抑郁的情绪就上来了，给我发语音，于是我们就聊天，有时候能聊一个多小时。听到她的声音变轻松了、人高兴了，我也就放心了。教师常和学生在一起，若能及时发现学生的问题，及时疏导，帮助他们进行情绪管理，就会防患于未然，避免不必要的事故发生。

教书育人，需要辛勤的耕耘，也需要巧妙的智慧和对学生的爱。班级管理三十六计甚至三百六十计，我们不必样样精通，适合的就是最好的。一计在身，用得精，用得巧，同样是法宝。

胶州市北京路小学　刘金娟

巧用心理效应

在《教育中的心理效应》一书中，介绍了66个关于教育、教学和管理的心理效应，每读一个都会引发我或多或少的联想和思考。如果深入学习和研究，真的可以切实有效地应用到日常的教育教学中。但如何应用也是一门学问，因为很多心理效应可以说是一把"双刃剑"，用好了是"灵丹妙药"，一旦用错则会适得其反，例如其中的"禁果效应"。

起初，法国人称土豆为"鬼苹果"，不论一位著名的农学家如何游说和引导，也没有农民愿意引种。后来，这位农学家想到了一个好主意，他获得国王特许，选择在一块贫瘠的土地上种植土豆，特别巧妙的是还给这一片地安排了重兵把守。待土豆长成后的某一晚，突然撤离守兵。人们被吊足了胃口，忍不住来挖土豆，然后引种到自己地里，从此，土豆的种植在法国得以推广。

这位农学家所使用的就是"禁果效应"，听起来似乎是非常奇怪的一种心理：越是得不到的东西，就越想得到；越是不让知道的东西，就越想知道。但仔细想想，生活中无论是父母不让幼童做的危险的事情，还是不让青春期的孩子谈恋爱，结果都是愈禁愈烈，这就是"禁果效应"的反面作用。

这个效应还让我想起了"粉色大象效应"，两者非常相似。此刻，若是让你闭上眼睛，明确规定：不准在脑海里想粉红色的大象，不准在脑海里想粉红色的大象……实际上却会事与愿违，越是明令禁止，脑海里越是无法控制地想象出一头粉红色大象的模样，即便人们明明知道这个世界上并不存在粉红色的大象，你也会在脑中已有灰色大象的印象的基础上，脑补出它浑身粉红色的样子。这不恰好与"禁果效应"不谋而合吗？

还记得某一年在老家过春节，我家老大当时有四五岁，他拿着一个长长的气球在客厅里正玩得欢。这时，爷爷善意地提醒他，不要去厨房的火炉边上玩，更不能把气球靠近火炉，否则气球会爆掉的。爷爷的这一个"提醒"还真的是提醒了他，原本在客厅玩耍的孩子，拿着气球毫不犹豫地就冲向了厨房，一次又一次地把气球伸向火炉边，就是想看看气球靠近火炉爆掉会是什么样子。这不正是"禁果效应"在生活中的反面应用吗？

还有的父母为了敦促孩子在学校里好好学习，每天早上送孩子去学校之前，总是苦口婆心地劝说孩子："宝贝，在学校里一定要好好听讲，上课一定不要说话，不要做小动作，别玩铅笔和橡皮……"久而久之，有的孩子真的没让家长"失望"，他们会如这一类家长"所愿"：上课说话、做小动作、玩笔玩橡皮……这不正是"禁果效应"在学习中的反面教材吗？

那既然因为"禁果效应"而出现了这么多问题，是不是就说明它是一个不好的心理效应呢？其实不然，心理效应就像性格一样，无所谓好坏，只要掌握其精髓和恰当的使用方法，就可以为我们所用。例如，有一名学生很排斥班主任的管理，想当然地认为班主任并不喜欢他，所有的教育措施和班级管理都是在针对他，因此产生了厌学情绪。这位班主任就用心地选择了"禁果效应"，把一本平时不离手的班级管理手册故意遗忘在教室的讲桌上，这个学生好奇地打开手册，发现班主任老师在里面记录了他很多的闪光点，学生大为感动，自此，一改往日对班主任的敌对情绪，开始积极投入学习和班级活动。

而我这两年在教学中也对"禁果效应"屡试不爽，特别是在讲练习题中的易错点时，不再是像往常那样把批改完的练习题分发到各个学生手中，而是从错题最少的习题开始讲起，起初先不公布是谁的试题，学生都很好奇完成得最好的这一份练习题是谁的，很多人都会估计是自己的。我借助学生这种"盲目自信"，先实物投影易错题，让学生一起找出错的点在哪里，也就是为什么老师给判错，全班学生基本上都会聚精会神地找错误，然后举手回答错在哪里和应该怎样改正，最后彻底把这道题搞会搞懂之后，再公布这一份试题的主人是谁。一份试题结束之后，再来第二份，如此这般重复，学生们会非常积极认真地一起纠错、改错，而且从错题最少的习题开始讲起，他们的兴致格外高涨，总感觉自己是正确率最高的那个，即便不是，那么下一份也一定就该轮到自己了。就这样下去，每次讲解试题都是先把对知识掌握得较好的学生会出错的题抢先讲完，这里同时还应用了"首因效应"和"超限效应"，让全班学生在课堂伊始就注意力高度集中地解决掉全班出错最多的题目，学习效果事半功倍。

工欲善其事，必先利其器。想在教育教学工作中游刃有余，就需要不断地进行各种教育理念和方法上的学习和提升，而掌握一定的心理学知识，了解其中的奥秘，便可以更加得心应手地开展教育教学工作。

胶州市第六实验小学　冷晓莉

家校共育，提升家庭教育水平

家庭教育的重要性不言而喻，不论是家长还是老师，都意识到了家庭教育水平决定了儿童的发展。我经常开展家长沙龙，指导家庭教育。通过家长们自觉地报名和积极主动地参加，我发现原来爱学习的家长很多，他们只是没有挤出学习的时间，也没有合适的学习途径，所以我努力不辜负家长们的热情参与，尽量把我所知道的有关儿童心理学的知识和家庭教育方法与家长们进行交流，使家长在进行家庭教育的时候也能够"对症下药"，不盲目、不简单、不粗暴。

一、组织家长沙龙

每学期我都会不定期地组织几场家长沙龙，家长自愿报名。

1. 时间

交流的时间有的时候是定在放学之后，有的时候定在连续两节空堂的时间，一般用时1~1.5小时。

2. 地点

学生放学之后沙龙就在教室里进行。学生还在上课的时间，就在舞蹈教室或者科学实验室等功能室里进行。

3. 人数

之前几个学期的沙龙人数不定，每一期都是家长自愿报名，本学期开始，家长沙龙的人数为6~8人，据说这是最合适的团队辅导人数。

4. 内容

第一次召开家长沙龙，主题的确定是订单式的，从家长最想解决的问题入手，比如学生拖拉怎么办，学生书写不认真怎么办，怎样培养学生良好的学习习惯和生活习惯，如何让学生爱上阅读。第二次家长沙龙，主题是对阶段性质量检测的反馈，以及如何做好学生学习的助力者。第三次家长沙龙，主题是焦点解决在家庭教育中的简单应用。

5. 形式

参加人员围坐一圈，除了老师自己讲之外，每位家长都有交流的机会，谈家庭教育中的困惑，或者是参加本次活动的体会，内容不限。

6. 效果

每次结束之后，家长分享感言，少则几十个字，多则几百个字，不强制性地布置给家长写体会的要求。但是各位家长都会有感而发，写出来的体会各不相同，可以看得出，每位参加人员多多少少都会有所收获。而我与家长的交流，也促进了我对教学中的一些问题的反思，并增加了我对学生的了解，使我在班级管理中越来越得心应手。

二、与家长沟通的技巧

很多班主任或者是任课教师都尽量避免与家长接触，特别是一些年轻的班主任和教师，只有在开家长会、家访以及家长开放日时才与家长进行沟通交流，唯一主动联系的时候恐怕就是学生出现问题的时候。学生在学校出现问题时，我的做法是尽量不找家长，不论是不完成作业还是上课不听讲，我都是自己尽力处理。而学生在学校不遵守纪律，与同学发生冲突，只要没有身体上的伤害，我也都会自己解决。因此，我很少因为教育学生等问题去打扰家长，倒是会鼓励家长多来和我交流。除了家长会、家访等家校沟通形式，家长沙龙是我主动联系家长的最主要的形式，我给自己的这种家校合作定义为"预防为主"，而不是出现问题之后再解决。在与家长进行交流时，我会注意以下几个方面。

1. 坦诚以待

让家长感受到我的真心，我喜欢学生，喜欢他们中的每一个人，不因他们的成绩、纪律、脾性等区别对待；不因他们是我的工作对象而"冷漠"对待；不因家长的配合与否而区别对待。总之，我是发自内心地喜欢教育工作，喜欢学生。日久见人心，家长会感受到我是真心为了每一个学生好，为了每一个学生的发展着想。然后我就会争取与家长统一战线，一起为了学生的成长努力。

还有一点要跟家长坦诚沟通的是：如果我偶尔主动联系某一个家长，探讨学生的教育问题，并不是对家长有什么意见或者有其他原因，想法很简单，就是要解决学生的问题，家长不要去胡乱揣测班主任"找家长"的意图。

2. 及时沟通

我会鼓励家长及时与我沟通，遇到任何有关于教育学生的问题和困惑，给我打电话而我不方便接时，可以微信留言。如果我没有及时回复，不要多想，只是因为我在忙或者忘记了，家长可以再主动联系一下，我看到留言一定会回复。这一点，我也确实做到了，我尝到了家校交流畅通的甜头，唯一的弊端就是舍弃了一些自己的休息时间，但是换取了全班家长的理解和支持，他们经常说，老师也有家庭，也有两个学生要照顾，有时候因为一点小事，不好意思打扰。家长们如此通情达理，我也省心不少。

3. 换位思考

班主任要学会换位思考，站在家长的角度考虑问题，遇事先共情，然后再慢慢解决问题。同时，在交流中，引导家长也换位思考，站在班主任的角度思考问题，取得他们的理解和支持，开展工作时就会更加顺畅。

4. 提供帮助

很多家长有时候在家庭教育中是迷茫的，所以他们才会积极踊跃地参加我组织的家长沙龙，来获取一些新的教育理念和科学的教育方法。我多读书、多学习，给家长们提供切实有效的帮助，家长们从中受益，转而再应用到家庭教育中去，学生们在成长过程中获得父母的有力支持，这就达到了家校共育的最终目的。

三、突发事件的应对

一个班四五十个学生，难免会磕磕碰碰，个别时候还会与兄弟班级的学生发生摩擦。每当有学生受伤的时候，我会把对学生的伤害降到最低。

一是先联系受伤学生家长送医，然后电话询问检查情况，关心学生的伤势，并让家长放心，告知他我们班的家长都非常的通情达理，会为受伤的学生争取权益。

二是联系责任方学生家长，说明事情的来龙去脉，告知不论责任大小，自己的孩子没有受伤已经是万幸，对方不幸受伤，应主动承担责任，这会有利于培养孩子的担当意识，有利于今后其他同学的和谐相处等。还有很重要的一点是，告知家长不要训斥惹事的学生，警告和提醒便是最好的方法。

三是陪同责任方家长一起去看望受伤的学生。我会单独买一箱奶和一些水果，安慰一下学生和家长，并安排好接下来的学习或者补课等，并劝其今后在玩耍的时候注意安全。

四是在校安慰责任方学生，让他不要太过于紧张，不要有心理负担，只要承担起该承担的责任，今后注意玩耍的尺寸即可。

意外伤害的情况发生得比较少，而头疼、感冒发烧、肚子疼等情况会时不时地出现，特别是低中年级的学生，体质弱，感冒的情况就会多一些。班主任要在班里给予关怀，提醒学生保证睡眠、饮食均衡、锻炼身体。

当班主任真正把家校共育当成一项必备功课去完成之后，在日常的工作中就会轻松自如，避免很多不必要的麻烦。而家长沙龙等家校沟通活动开展之后，家长提高了家庭教育水平，学生是最大的受益者，他们在和谐而温馨的家庭氛围中、在紧张而活泼的班集体里快乐茁壮地成长，身心健康、积极进取，学习也会更上一层楼。

胶州市第六实验小学　冷晓莉

主题班会

第三篇

"厉行勤俭节约，弘扬传统美德"主题班会设计

【班会主题】

厉行勤俭节约，弘扬传统美德

【学情分析】

（1）班风正、学风浓，学生有学习的热情，经过疫情的考验，学生更加坚定了爱国意识和为国贡献力量的决心。

（2）生活富裕了，受某些不良社会风气影响，学生对日常生活中小的浪费现象视而不见，不知道其问题的严重性以及还有一些国家和地区依然贫困。

【主题解析】

减少舌尖上的浪费，弘扬中华民族的传统美德，让勤俭节约成为习惯，让传统美德常驻校园。

【班会目标】

（1）认知目标：学习贯彻节约精神，反对舌尖上的浪费，进一步提高学生"节约光荣，浪费可耻"的意识，明确勤俭节约的关键是从自己做起，从小事做起。

（2）情感目标：让学生懂得幸福生活来之不易，发扬勤俭节约的优良传统。

（3）行为目标：培养学生爱惜粮食、物品，节约用水、用电的好习惯。

【班会准备】

（1）教师：设计调查问卷，发布班会主题和任务；准备课堂用的视频、课件。

（2）学生：负责统计调查问卷，布置教室；搜集节约的故事，讲榜样故事。

【班会过程】

环节一：节约还是一种美德吗

1.欣赏儿歌《悯农》

导入：今天我们的生活富裕了，绝大多数人不愁吃、不愁穿，生活得无忧无虑。在物质生活日益丰富的今天，有人说节约已成过去，那是不是就不用再像过去一样提倡节约了呢？今天我们来开一场"厉行勤俭节约，弘扬传统美

德"主题班会。

同学们，请欣赏JOJO一家带来的儿歌《悯农》……

"谁知盘中餐，粒粒皆辛苦。"小朋友也知道粮食来之不易，学会了珍惜，真让人高兴！有请今天的班会小主持人登场！

2. 社会调查：身边的浪费现象严重

主持人1：通过调查，我们发现身边存在着严重的浪费现象，我们来听一听学校食堂王爷爷是怎么说的……

主持人2：同学们，聚餐时餐桌上的铺张浪费，校园里的剩菜剩饭，电的浪费、水的浪费、纸的浪费、文具的浪费……看到这些，大家有没有什么想说的？

师：勤俭节约是中华民族的传统美德，厉行勤俭节约永不过时。我们来看一组最新统计数据……看了这些数据，大家有什么感受？

3. 观看新闻联播相关视频

主持人2：国家一直高度重视粮食安全，号召大家厉行节约、反对浪费，多次强调要制止餐饮浪费行为。下面，我们来看一段新闻联播……

环节二：节俭行为面面观

1. 身边的资源来之不易（观看视频《春种秋收》）

主持人1："一粥一饭，当思来之不易；半丝半缕，恒念物力维艰。"春种秋收，每一粒粮食都来之不易，我们来看一看粮食的由来。

2. 贫困地区需要我们支援（观看视频《西部贫困山区留守儿童的生活》）

主持人2：同学们，当我们浪费粮食、浪费水电时，我们能否想起，在遥远的贫困地区，小朋友们那冻伤皲裂的双手和求知似渴的眼神？我们来看一看西部贫困山区留守儿童的生活情况。

3. 讲勤俭节约的故事（学生讲故事《雷锋，一个大写的人》和《爱国华侨陈嘉庚》）

主持人1：课前，大家都搜集了不少勤俭节约的故事，我们来分享一下。

主持人2：祖国大地上，有一种精神代代传承、闪闪发光，这就是雷锋精神。请听故事《雷锋，一个大写的人》……

讲得真好，雷锋永远是我们学习的榜样！

主持人1：爱国华侨陈嘉庚先生拥有巨额资产，在我们看来，他的生活一定很奢华，但事实并非如此。请听故事《爱国华侨陈嘉庚》……

主持人2：听了这两个故事，同学们有什么话想说呢？

老师：同学们，自古以来，勤俭节约是中华民族的传统美德。诸葛亮说："静以修身，俭以养德。"唐朝诗人李商隐写下了"历览前贤国与家，成由勤俭破由奢"的著名诗句。古老的中华民族，节约观念深入人心，节约之风代代相传。

环节三：小小节俭大用场

1. 算一算

主持人1：有人说，我浪费一张纸、一点水无所谓，又没有铺张浪费。下面，请大家算一笔账：每人节约一张纸，全国会节约多少？

主持人2：如果一本作业本需要20张纸，节约的纸可做多少本？

主持人1：我们班的人数为多少？（40人）如果把我们节约的纸做成作业本发给大家，每人能发多少本？

主持人2：如果每人节约一张纸，全国会少砍伐多少棵大树？此时，你想说什么？

2. 议一议

师：每人节约一张纸竟会带来这么大的变化，让我们深深感受到节俭是多么重要，真是"小节俭，大用场"！如果我们每人节约一滴水、一粒米、一度电，又会怎样呢？

主持人1：每人每天节约一滴水，全国一年会节约多少吨水？可供一个家庭使用多少年？

主持人2：每人每天节约一粒米，全国一年会节约多少吨米？可供三口之家使用多少年？

主持人1：每人每天节约一度电，全国一年会节约多少度电？

主持人2：看到这些惊人的数据，你想说对那些浪费的人说些什么？

师：数据是触目惊心的，它时刻提醒我们在生活中应节俭，节俭能创造财富，节俭能创造美好的生活！

环节四：我与节俭交朋友

1. 节俭妙招大比拼（小组交流节俭妙招，第四小组展示废旧物品创意作品）

主持人1：节约离我们到底有多远呢？其实节约就在我们身边。就在我们日常生活的一点一滴中。你准备怎么做？你有哪些节约的好方法呢？小组几个人进行讨论，组长做好记录。

主持人2：这些同学的办法真好！还有一些心灵手巧的同学利用废旧物品做了一些饰品，请他们上台展示。

2. 观看视频《节约从心开始 节能从我做起》

主持人1：感谢同学们的精彩展示！积羽沉舟，滴水成河。同学们，厉行节约，就要在全社会确立节约意识，倡导节约文明。让我们一起观看视频《节约从心开始 节能从我做起》。

3. 快板表演《勤俭节约谱新篇》

主持人2：同学们，让我们积极行动起来，让勤俭节约成为习惯，让中华美德常驻校园，共创节约型绿色家园。请欣赏快板《勤俭节约谱新篇》。

环节五：活动总结

师：通过这次班会活动，我们知道了勤俭节约是中华民族的传统美德，我们应该继承和发扬勤俭节约的优良传统，从小养成生活节俭的好习惯。同学们能不能做到？

【延伸教育】

以"勤俭节约，我要这样做"为题写一篇日记。

【班会反思】

什么样的班会课才是一堂好课？我认为，让所有学生全身心地参与是我们要达到的效果，让每一个心灵都有感悟，在活动中受到洗礼和震撼是最为重要的。本节主题班会主要体现了以下几个亮点。

1. 班会的实效性强

主题班会不应该以灌输的方式命令学生"必须怎样做"，而应提供给学生选择的机会、体验的空间，引导他们明白为什么要这样做。

这次主题班会，我抓住了学生的心理特点和兴趣爱好，导入环节以儿歌《悯农》引入，一下子吸引了学生的注意力，课堂中的其他几段视频都是我课前精挑细选和用心剪辑的，比较贴近他们的生活实际，也符合课堂环节的需要。另外，课前的调查环节、课堂中的算一算环节，让学生深切体会到浪费的严重性和节约的大用场，增加了课堂的实效性。

2. 学生的参与程度高

班主任一定不要低估学生的能力，要相信学生，给学生提供足够的自我展示空间，大胆地放手。这次班会，全班同学都参与了实地调查，班会的准备过程中全部学生也都参与了进来：一组统计调查问卷，布置教室；二组搜集节约的故事，讲榜样故事；三组排练快板节目；四组准备废旧物品创意作品。在课堂的互动交流环节，共有15名同学回答了问题……这样的方式不仅调动了学生参与的积极性，也锻炼了他们各方面的能力。

3. 班会的育人过程有深度

任何育人活动都不能浅尝辄止，育人的最终目的是指导学生养成正确的行为习惯。因此，我在第四个环节"我与节俭交朋友"中，拿出充足的时间让学生们进行交流、展示，这对指导他们课后的行为起到了重要的作用。

总之，这堂班会课我比较满意，不是满意自己的课堂设计，而是满意学生们的精彩展示，达到了育人的最终目的。

胶州市三里河小学　　吕小玲

"我有一个梦想"主题班会设计

【班会主题】

我有一个梦想

【班会背景】

小学五年级学生，马上要升入六年级，毕业季越来越近，部分学生却漫无目标，缺乏学习热情，有的甚至存在严重的厌学情绪，热衷于玩乐。这种状态怎能跟上时代的步伐，在激烈的社会竞争中取胜？我们希望给学生一种引领，让他们内心受到触动，从而激发努力学习、积极向上的内驱力，因此，就有了这样一次班会，希望学生成为有理想、有追求的青少年，让他们扬起理想的风帆，到达成功的彼岸。

【班会目标】

（1）认知目标：通过班会活动使学生树立正确的目标，并认识到实现理想的路途充满艰辛，要脚踏实地、不懈努力才能美梦成真。

（2）情感目标：通过班会活动，使学生增强自信心，激励大家为理想、为未来而更加努力地学习，不断地完善自我。

（3）行为目标：通过班会活动，使学生在正确的人生观、价值观、世界观的指引下勤奋上进，增强自我约束力和行动力。

【班会准备】

（1）学生搜集名人的梦想故事。

（2）家长提前拍摄想跟孩子交流的心里话。

【班会流程】

一、导入

播放歌曲《梦想》，在歌曲声中，开启梦想话题。

二、在活动中体验

1. 活动一：看见梦想

许多伟大的人小时候都有过梦想，课前你一定了解了不少，一起来分享一下。

学生交流课前搜集到的古今中外名人的梦想故事和自己的感悟。

他们的梦想都是伟大而美好的；他们的梦想大都是为他人着想、为祖国着想，有大局意识；他们的梦想通过努力都可以实现；梦想一旦确定，会成为他们的动力，指引他们奋力拼搏……

袁隆平曾经有两个梦想：一个是禾下乘凉梦，让水稻长得像高粱那么高，颗粒像花生米那么大，人们可以坐在稻穗下乘凉，稻米产量再创新高；另一个梦想是让超级稻能够覆盖全球，解决更多人的温饱问题。为了梦想，袁隆平一生都奔波在田间地头。在他的努力下，水稻亩产量逐年提高，无数人的温饱问题得以解决。

2. 活动二：梦想大声说

无数成功人士从小就有远大理想，一直为之奋斗直至成功。

你的梦想是什么？请大家安静地想一想，然后和同学分享自己的梦想。

同学们每人手中都有一张心形卡，请大家把自己的梦想记录在上面。

你愿意和大家分享你的梦想吗？介绍完毕，将梦想心形卡贴在梦想树上。

3. 活动三：朝着梦想奔跑。

成功的花朵，需要辛勤的汗水去浇灌；理想的果实，要靠知识的土壤去培育。同学们追梦的路上不可能一路平坦，若遇到困难和挫折，你准备怎样应对？请大家谈谈自己的看法。

在交流之后，分小组把各自认为实现梦想最重要的一条写在彩纸上，贴在黑板上。

梦想需要勤奋刻苦才能实现。理想是崇高的，梦想是伟大的，理想的实现、梦想的超越，离不开刻苦的努力、不屈的精神。我们只有把握好今天、把握好现在，才能无悔于我们的黄金时代。

在实现梦想的道路上，你们有家长的关心陪伴和殷切鼓励，想知道他们想对你们说些什么吗？（播放部分学生家长的视频）

三、结束语

无论你的梦想是什么，请你勇敢地说出来，大胆地去尝试；再在它的前面加上正向的思维、积极的情绪、强烈的渴望、坚定的信念和持续的关注，你就能心想事成。祝大家都能梦想成真。（播放歌曲《我的未来不是梦》，结束本课）

山东师范大学瑞华实验小学　李盛花

"镜子里的小伙伴"主题班会设计

【班会题目】

镜子里的小伙伴

【背景分析】

在小学中段开展认识自我的主题班会非常有现实意义，让学生产生积极的自我认知，接纳自我，学会自我肯定，可以帮他们保持良好的心态，身心健康地茁壮成长，为形成良好的思想品德打下坚实的心理基础。

【班会目标】

（1）使学生产生积极的自我认知，了解不同的表情所代表的不同感受，学会自我肯定的技巧及训练方式。

（2）通过心理游戏、团体活动等形式，使学生认识自我、悦纳自我，建立良好的心态，促进身心健康成长。

（3）利用趣味心理活动贯穿整个教学环节，使学生在笑中想、笑中懂、笑中成长，并在今后的学习和生活中，能够积极地思考和面对成长中的问题。

【班会准备】

（1）学生准备：小镜子、便利贴、钢笔、活动任务单。

（2）教师准备：课件、视频、板贴。

【班会过程】

环节一：游戏"花儿朵朵开"

游戏规则：假设每个同学都是一朵花，老师说"花儿朵朵开"，同学们问"开的什么花"。然后根据老师所说，符合特点的同学就张开双臂，绽放自己。

预设：长发花、男生花、爱笑花、阅读花、爱国花。

设计意图：通过游戏导入，让学生放松心情，创造轻松愉悦的班会气氛，并使学生在游戏中对自己的外貌特征和内在品质有一个初步的了解，为接下来的活动做好铺垫。

环节二：体验"照镜子"

1. 观察镜子里的自己

师：同学们，大家都照过镜子吧？我们之前照镜子都是为了做什么呢？（指定学生回答）

预设：看一下脸上是否洗干净、头发是否梳理好、衣服是否穿着整齐。

这节课我们也要照镜子，但是今天的照镜子是要来认识一下"镜子里的小伙伴"。（板书课题）

下面请拿出镜子，每个人独立照镜子1分钟，照完的同学与小组其他成员交流一下：你看到的是一个怎样的自己呢？

每组找1~2人分享交流自己看到了什么。

教师根据学生的回答适时板书：外貌、性格、优点、不足、特长、爱好……

师：同学们说得非常巧妙，看到的内容可真不少，有大同小异的，有各不相同的。

2. 对着镜子做表情

师：同学们，我们每个人都是独一无二的，每个人都有属于自己的特征，也都有属于自己的表情。下面我们再来照镜子，照照镜子里的你都有哪些表情？照镜子之前老师提个小小的要求，请你对照镜子做一做下面的表情……

做不同的表情时，你有什么不同的感受？选择你感受较深的一两个简单记录在活动任务单上。

小组交流:小组内分享自己的感受、说一说你是在什么情况下表现出的这种心情，当时有一种什么样的感受？跟其他同学分享一下你印象最深刻的一次经历吧!

全班交流:同学们,如果你遇到这样的事情,你会有怎样的情绪?(指定学生回答)

环节三:活动"别人眼中的自己"

1. 观看视频《谏臣魏征》

师:人在成长的过程中总会遇到各种各样的问题,刚才同学们通过照镜子,更加清晰地认识了自己。下面,我们一起来看一个视频小故事《谏臣魏征》,简单了解一下唐太宗李世民和谏臣魏征之间的故事。(播放视频《谏臣魏征》)

看完这段视频,你有什么想说的?(指定学生回答)

根据学生的理解程度,简单介绍视频中的故事和名言。

魏征是和唐太宗李世民的名字紧紧连在一起的。作为一代明君,唐太宗以自己的雄才大略开创了贞观盛世。而作为一代贤相,魏征在贞观之治中起着举足轻重的作用。唐太宗与魏征既是君臣,又是朋友。没有唐太宗的贤明大度,就不会有魏征的忠直;而没有魏征的忠直,唐太宗就少了一面文治武功的镜鉴。二人相互衬托,相辅相成。当初,魏征是唐太宗对手的部下,是唐太宗的爱才之心,才使魏征有了发挥才干的平台。他不仅帮唐太宗制定了治国方针,为唐太宗讲解"民可载舟,又可覆舟""兼听则明,偏信则暗"的治国道理,也常常犯颜直谏,内容涉及政治、经济、文化、对外关系和皇帝个人生活等,有时候会让唐太宗下不了台。当然,皇帝也是人,有时唐太宗回宫后发火,声言恨不得杀了他,但他过后又为有这样的忠谏之臣感到欣慰,一次次原谅魏征的犯颜直谏。在魏征死后,唐太宗极为伤感地对众臣说,以铜为镜,可以正衣冠;以古为镜,可以知兴替;以人为镜,可以明得失。

大家谈一谈,当家长、老师、同学给你提出真诚的建议时,你会怎么想、怎么做?(指定学生回答)

2. 猜一猜

唐太宗李世民能够虚心接受大臣魏征的忠心建议,同学们也能虚心地接受来自身边师长和朋友的真诚建议,积极主动地对自己的不足之处进行改正。那同学们是否能够充分地认识和了解自己外貌以及性格方面的优点和不足呢?你对自己的认识与别人眼中的你一样吗?

环节四：宣言《我是独一无二的》

通过这节班会课，同学们对自己的认识越来越深刻。我们要始终坚信自己是独一无二的，自己就是最优秀的，长大之后必将是国之栋梁。

下面，老师陪大家一起做一个宣言活动，活动要求：小组成员围成一圈，右手放在胸前，左手搭在左侧同学的右肩上，一起宣读：

我是独一无二的，

我是最最重要的，

我是最有价值的，

我为自己感到骄傲和自豪，

我将以更好的状态为祖国贡献力量！

通过这节课各位同学的表现以及刚才非常有气势的宣言，我发现每位同学都非常优秀。希望各位同学珍惜眼前的生活，好好学习，长大之后尽自己最大的努力建设我们伟大的祖国。

【延伸教育】

班会后，通过布置班会小任务和日常教育教学细节，引导学生做到以下几个方面。

（1）继续正确、客观地认识自我。可以布置学生写一篇日记，让学生静下心来，把自己对自己的认识记录下来，使学生继续了解自己的外在特征和内在品质。还可以认真分析自己的优缺点，优点要努力保持，在日常学习和生活中发挥特长，勇于展示自己的长处；改变自己的缺点，慢慢养成良好的生活习惯和学习习惯。一些很难改变的不足之处，要学会自我悦纳，改变自我要从接受自我开始。

（2）勇于倾听、接纳别人的建议。鼓励学生互相提出真诚的建议，可以写在小便签纸上，也可以写一封信，对同学提出意见。收到意见的同学应认真阅读和反思，有则改之，无则加勉。

（3）欣赏、学习他人的优点。让学生为自己的小组成员写3~5条优点，在鼓励对方的同时，也激励自己学习别人的长处，取人之长，补己之短。

总之，引导学生学会正确认识自我、客观认识他人，见贤思齐，见不贤而内自省。

本节班会课从游戏入手，通过照镜子，认识自己，引导学生探索自我认知的方法，关注自我成长和他人的关系。再通过播放视频《谏臣魏征》，引发学生深度思考：怎样通过别人来正确认识自己？怎样改变自己的一些不足之处？怎样实现自我成长？这一系列的问题，让学生感受深刻。

【班会反思】

反思本节课的活动过程，总体感觉有以下几点做得比较到位。

1. **教学设计合理**

本节课符合三年级学生的学情特点，他们正处在逐渐从具体形象思维向抽象思维过渡的初步阶段，还需要形式新颖多样的教学环节来激发他们的学习、交流、参与等各方面的兴趣。

2. **恰当处理情绪**

本节课的一个关键环节是在学生第二次照镜子之后，根据自己不同的表情，分享感受。当学生分享积极的情绪时，老师给予积极的回应；当学生分享消极情绪时，老师充分共情和支持，并进行恰当的处理。

3. **学生体验深刻**

我在备课时，曾经预设过学生参与每个活动之后所谈的感受和体会，但未曾想到学生会敞开心扉、畅所欲言，争先恐后地分享自己的体验，他们的发言非常深刻。

总之，这是一节注重体验和自我认知的班会课，教学设计中的小游戏能够快速激发学生的愉悦情绪，通过充分的照镜子体验，引导学生由心而发，认真观察和审视自己。体验环节中，学生们非常积极踊跃地参与，并积极交流想法和感受，效果明显。这节课的亮点在于能够抓住学生所谈感受，积极帮助学生处理消极情绪，并进行提升。各环节紧密结合，有效推动了活动的开展和学生的思考。

胶州市第六实验小学　冷晓莉

"读书相伴成长" 主题班会设计

【背景分析】

学情分析：阅读有益的课外书不但有助于开阔视野、培养广泛的兴趣爱好、教学生学会为人处世等，而且可以增长见识，做到不出家门而知天下事，不出国门而了解世界各地的历史文化、风土人情。阅读的习惯需要从小培养，从小培养学生爱读书、读好书的习惯，将使学生受益终生。

主题解析：每年的4月23日为"世界读书日"。结合世界读书日，开展"读书相伴成长"主题班会。提高学生对阅读的重视度，让学生漫步于书香花园，营造浓厚的阅读氛围。

【班会目标】

（1）通过活动，让学生明白读书的重要性，书是知识的源泉，阅读可以改变人生的宽度和厚度。

（2）教会学生读书要有选择地读，读有价值、有意义的书。

（3）教会学生读书的相关方法，学以致用。

【班会准备】

收集与读书相关的故事、名言、课件、背景音乐等。

【班会过程】

环节一：了解世界读书日

1. 你听说过世界读书日吗

"世界读书日"全称"世界图书与版权日"，又称"世界图书日"，最初的创意来自于国际出版商协会。1995年开始，每年的4月23日被定为"世界图书与版权日"，设立目的是推动更多的人阅读和写作。

随着生活节奏的加快，人们的读书时间越来越少，为了鼓励人们多读书，联合国教科文组织希望借着这个重要的日子，向大众尤其是年轻人和儿童推广阅读和写作，以及宣传跟阅读关系密切的版权意识。

2. 为何会把世界阅读日定在4月23日

莎士比亚于1616年4月23日逝世，除此之外，许多杰出的作家都在4月23日出生或辞世，把4月23日定为世界阅读日可以说是别具意义。

环节二：认识读书重要性

1. 共读读书名言

书犹药也，善读之可以医愚。——刘向

立身以立学为先，立学以读书为本。——欧阳修

2. 学生补充读书名言

书到用时方恨少，事非经过不知难。——陆游

问渠那得清如许? 为有源头活水来。——朱熹

旧书不厌百回读, 熟读精思子自知。——苏轼

3. 讨论读书的重要性, 了解古人读书的故事

学生自由发言。

(1) 欣赏视频《凿壁偷光》。

通过视频, 你认识了一个怎样的匡衡? 从他身上你学到了什么?

(2) 类似的故事你还知道哪些?

(3) 学生讲《囊萤映雪》的故事。

(4) 以上两个故事有什么共同点?

(5) 匡衡、车胤、孙康在读书时都遇到了困难, 但是他们都想办法克服了, 我们在读书遇到困难时是怎样克服的呢?

环节三: 交流阅读困惑与方法

1. 阅读时遇到的困难有哪些

阅读速度慢, 有时会遇到不喜欢读的章节, 有时候读不懂, 等等。

2. 答疑解惑

抓关键词可以提高阅读的速度; 遇到不喜欢读的章节可以略读、跳读, 但不可以不读; 有时候读不懂地方可以查阅资料, 向老师、家长或同伴请教。

3. 同学们平时爱读什么书, 是怎样读的

大致有科普读物、历史读物、漫画读物和文学读物几大类。

4. 介绍阅读方法

(1) 一边读, 一边圈圈画画, 把书中的好词好句和精彩段落画出来, 摘抄在积累本上。

(2) 在圈画时, 还用到了不同的线段、符号来标记, 层次分明, 一目了然。

(3) 不动笔墨不读书, 写批注就是在和作者对话, 阅读时会在旁边做批注, 写下自己的理解和感受, 碰撞思维的火花。

(4) 绘制人物关系图, 梳理书中出现的所有人物的关系。

环节四: 分享名家读书故事

1. 闻一多 "醉" 书

作为新月派诗人, 闻一多先生读书成瘾, 在他结婚的那天, 洞房里张灯结彩, 热闹非凡。大清早亲朋好友都来登门贺喜, 直到迎亲的花轿快到家时, 人们还在到处寻找新郎, 结果在书房里找到了他, 他仍穿着旧袍, 手里捧着一

本书看入了迷。怪不得人家说他不能看书，一看就要"醉"。读书能够读到"醉"，可以"醉"得忘记了人生的大事，可见书对他的重要性。

2. 华罗庚猜书

著名数学家华罗庚的读书方法也与众不同。他拿到一本书，不是从头至尾地读，而是对着书思考一会儿，然后闭目静思，猜想书的谋篇布局，斟酌后再打开书。如果作者的思路与他的猜想一致，他就不再读了，这种猜读法不仅节省了读书时间，也培养了思维力和想象力。

华罗庚的另一个读书习惯和巴金有些相似，他在清华大学做助教时，养成了熄灯之后也能看书的习惯。他在灯下拿来一本书，看着题目思考一会儿，然后熄灯躺在床上，闭目静思，开始在头脑中做题。碰到难处，再翻身下床，打开书看一会儿。就这样，一本需要十天半个月才能看完的书，他没几天就看完了。

3. 张广厚"吃"书

数学家张广厚出生在一个普通农民家庭，7岁随父兄到矿上当童工，饱尝艰辛，他从小就立下壮志：一定要做个有文化的中国人。他曾说，学科学是一口气也松不得的，需要毅力加耐性。有一次，张广厚看到一篇论文，觉得对自己的研究工作有用，于是他就一遍又一遍地反复阅读。这篇论文共20多页，他反反复复地念了半年多，因为经常反复翻摸，洁白的纸页上留下了明显的黑印，他的妻子开玩笑说："你这哪叫念书啊，简直是'吃书'。"

读书方法因人而异，没有一种固定的读书方法。关键是要多读多想多总结，这样才能真正体验读书的快乐。

环节五：总结提升

今天，我们生活在一个自然科学和社会科学都蓬勃发展的时代。以电子技术为基础的工业革命，正在世界范围内把生产设备变成一个自动化的体系，从而使生产力获得了飞速发展。生产力和科学技术日新月异的发展，使人们对知识的需求不断增加，读书对我们来说愈加重要。同学们，立即行动起来，向知识进军，用书籍点燃智慧的明灯，这，就是我们的心声！

书是我们永远的财富。人生道路上，有书香作伴，生活会多一份乐趣，成长会多一份智慧。让我们带着热情、梦想与执着，一起做快乐的读书人吧！

【延伸教育】

开展亲子读书会。

【班会反思】

阅读习惯的养成非一日之功，除了老师的引导，也离不开家长的督促，所以可开展亲子共读活动，营造良好的书香氛围，以便家校配合，让学生早日养成阅读习惯，让阅读成为学生学习的一部分、成长的一部分。

胶州市三里河小学　杨君晗

"放飞梦想，自信飞扬"主题班会设计

【背景分析】

三年级是一个小学阶段小小的转折，从这个阶段开始，学生语文课上开始写作文，用钢笔书写，英语开始记忆背诵，科学需要过关检测……功课的增加等新的挑战，给许多学生造成了很大的压力，这个时候，班主任需要引导他们更清楚地认识自己，树立信心，并激发学生的参与意识和合作意识，让他们找到更好的自己！

每个人身上都有优点，只要学生懂得保持自信，确定适当的目标，付出努力，满怀信心地向目标一步步行进，成功就在眼前。

【班会目标】

1. 认知目标

（1）借助多个事例让学生明白什么是自信以及自信的重要意义。

（2）通过多种活动，让学生发现并肯定自我的长处，提高自我认知能力，提升自信。

（3）在活动的过程中，让学生在了解自己的基础上更加了解和信任其他同学。

2. 情感目标

（1）增强学生的自信。

（2）让学生在活动中感受成功的喜悦。

（3）引导学生树立自信心，激发积极向上的动力，树立远大理想。

3. 行为目标

（1）培养学生的观察力。

（2）帮助学生培养健康的情感、态度和价值观。

【班会准备】

学生准备：4名同学准备三句半节目，1名调查员准备调查数据分析，4个小组提前收集有关自信的材料供全班交流。

教师准备：准备歌曲和给每位同学的彩色纸飞机。提前录制父母和教师寄语视频，做PPT，分配安排任务。

【班会过程】

环节一：认识自我

1. 节目导入，揭示主题

师：在今天的班会开始之前，让我们一起来欣赏李依等同学给大家带来的"三句半"。

生：表演三句半(今天来段三句半，报数 一、二、三、三点五/自尊自信三句半，烦请各位听听看，要是说到哪一位——包涵/今天的主题是自信，当然也要说自尊，自尊自信巧联姻——请听！/自信到底是什么？自信从不是自傲，大家说说对不对——对，加10分！/……/21世纪青少年，面向祖国发誓言，从我做起去报国——行动、语言！

师：感谢这些同学的精彩表演，从他们的表演中，大家感触最深的是哪个词？

（生自由回答，预设大多数是"自信"）

师：同学们觉得自己自信吗？怎样才会让我们自信飞扬呢？今天我们就一起进入我们"放飞梦想，自信飞扬"的主题班会。

2. 认识自我

（数据展示）

师：昨天我们做了一个测试卷，根据同学们的答案，我们的小调查员将数据做了分析，同学们看看自己属于哪种情况？

调查员：大家好，我是今天的调查员李璐，今天，我和大家一起来分析一下昨天的调查结果，请大家看条形统计图，调查结果显示我们班有的同学很自信，有的同学过于自信，还有的同学是自卑的。

师：同学们，自卑就是过低地评价自己，看不到自己的优点；过于自信就是过高地评价自己，看不到自己的缺点；自信就是恰当地评价自己的优缺点。

环节二：肯定自我

1. 自己心中的"我"

师：请同学们拿出你手中的纸飞机（教师提前给每个学生准备一个彩色纸飞机），将你最大的优点写在右边，最大的不足写在左边。（出示幻灯片，引导学生从德、智、体、美、劳等方面找到自己的优点）

现在我们一起来交流一下你的优点，要求声音洪亮，有底气！

（学生交流优点）

2. 同学眼中"我"

师：现在让你手中的小飞机飞起来，每人写出小组其他成员的优点，不能重复。写完后一起交流一下，按顺时针方向，第二位同学大声表扬上一位同学的优点，依次类推。

（小组活动）

师：被别人指出优点时你有何感受？你在指出别人优点时有何感受？有一些优点是自己以前没有意识到的吗？通过相互找优点，你是否加深了对自己的认识？

（学生交流感受、看法）

师：同学们，我们每个人都有自己的优势和劣势。所以我们要开心地接纳自己，因为你的身上肯定有独特的闪光点，你是这个世界上独一无二的，要充分认识自己，扬长补短，散发独特的个人魅力！

3. 父母和老师心中的"我"

师：小组内的评价如此诚恳，那你们想知道同学们是怎样评价其他同学的吗？（邀请一位平日自信心不足的同学到讲台上，全班其他同学找出这位同学的优点）

（生交流）

师：我们会有很多的不足，但是也有优点。你知道你在家长和老师的心中是什么样的吗？今天，老师给大家带来了几位家长和语文、数学、音乐老师对大家的评价，请大家一起来聆听。

（观看视频）

师：听了这些评价，你有什么想法想和大家分享？

（被评价的学生进行交流）

师：大家说得真好，老师相信，今后你们肯定会克服自己的缺点，做更好的自己，期待大家的精彩表现。

环节三：放飞自我

师：（播放背景歌曲《相信自己》）自信是一根柱子，能撑起精神的广漠的天空；自信是一片阳光，能驱散迷失者眼前的阴影。上周开始，同学们就搜集了许多有关自信的阅读材料，现在我们就有请各小组来分享！

第一组：在音乐《怒放的生命》中分享有关自信的名言警句，用PPT引导大家一起朗读。

第二组：用PPT分享名人的自信故事。

第三组：用PPT或视频分享2022年北京冬奥会奥运冠军的自信故事。

第四组：用PPT或视频分享2022年北京冬残奥会的励志故事。

师：（在音乐《相信自己》中总结）非常感谢同学们的精彩分享，今天的活动特别精彩，每位同学都参与到活动中，准备充分，有声有色。在漫漫人生旅途中，难免会经历挫折与失败，许多人在挫折与失败面前开始怀疑自我甚至否定自我。自信是成功的关键。只有拥有自信，才能拥有自我；只有拥有自信，才能走向成功！自信是成功的伴侣，是战胜困难的利剑。

【延伸教育】

请学生在纸飞机的背面写下自己的感想和目标，一起将纸飞机粘贴在教室后面宣传栏中，当实现了这个小目标就可以找老师换一个更大更美的飞机继续起飞！

【班会反思】

本次班会中，开场以三句半的表演形式引入，让学生耳目一新。运用多媒体教学手段，采用了调查、分组展示、自己找优点、同学说优点、父母和老师寄语谈优点等多种方式，让学生树立自信心。整个活动气氛和谐，学生参与面也很广，在快乐中提升了自信。班会自始至终以"放飞梦想的小飞机"为主线，一系列的活动让学生能够增加勇气，拥有自信心，朝目标不断努力！

青岛西海岸新区铁山学校　郑玉玲

读书学习

第四篇

守住一颗朴素的教育心
——读《我的教育心》有感

陶行知先生有一句话，带着一颗心来，不带半根草去。而今，当我读了李镇西老师的《我的教育心》后，对这句话的含义有了更深的感悟。

"永远守住一颗朴素的教育心。"这不是豪言壮语，也不是温情小诗，但它却是李镇西老师最真诚的内心直白。这颗心，不会随时间的消磨而生锈；这颗心，不会因社会的繁杂而污浊；这颗心，更不会在挫折中消沉……从一行行朴实而又意蕴深厚的话语间，我读懂了这颗心。这颗心，就是为人师者应一生追求的童心、爱心和慧心。

爱心，我们会时常挂在嘴边；慧心，我们会在教学中努力去完善；难就难在保持一颗童心，一颗永不褪色的童心。

守住一颗童心，需要我们摒弃一切私心杂念，走近学生的心灵。教学不是为了完成工作任务，也不是为自己取得更好的教学成绩，而是和学生一起进行愉悦的学习活动。只有这样，教师和学生的心灵才是自由的、舒展的，更是相通的。很多时候，我们可能为了应对考试，有些急功近利；也有时候，可能因为个人的想法，而错解了学生的心意。就这样，在不经意间，师生的心渐渐远了，我们再也猜不透学生心里想的是什么，也读不懂他们的行为……对于一个教育者来说，这是多么悲哀的事情。

拥有一颗童心，需要时时保持活力，正如李镇西老师所说，大家都有理想、有热情、有童心，但优秀的教师能够持之以恒，而平庸的老师随着年龄的增长，或者遇到挫折，慢慢就消沉了，一颗心就生锈了。的确如此，不管你是20岁还是50岁，不管你有成就还是无成就，在学生眼中，你就是老师，和他们一起学习、生活的老师。你的学生不会因你的改变而改变，和你一起的，永远是一群天真的学生。

那天下午第二节课是阅读课，学生们正坐在位子上安安静静地读书。突然不知谁喊了一声："下雪了！"语气中含着惊喜。话音刚落，一颗颗小脑袋不约而同地扭向了窗外，教室顿时骚动起来。我向窗外一望，果然，鹅毛般的雪花撒满了天地间。"好美呀！"我在心里赞叹，忍不住多望了几眼。可学生们的夸张表现却令我恼火，他们全都放下了书本，有的还站了起来，一边看一边指指点点，话语和表情中透露出压抑不住的喜悦，全然忘了我这个老师的存在。我严肃地制止了学生的行为，学生转回了头，又拿起了书本。可我分明看见了他们脸上的失望与不满，看书也不像开始时那么用心了，有人还不时偷偷地向外望几眼。看到这种情形，我蓦然意识到这样做可能不对。自己小时候不也是特别喜欢玩雪吗？近年来，能下一场大雪真是太罕见了，于是我改变了原先读文章、写笔记的计划，决定和他们一起出去痛痛快快地玩一把。

来到教学楼下，学生们张开双臂，满心欢喜地融入了雪的怀抱。放眼望去，到处是他们快乐的身影，校园里充满了欢声笑语。学生们有的站在冬青树旁指指点点，有的在雪花中旋转起舞，有的捧起一捧雪向天空抛洒，还有的在雪地上踩出不同的图案……我发现有一位女同学双手捧着飘落的雪花，仰望天空，神情是那么专注。我走过去轻轻地问："能告诉老师你在想什么吗？""多可爱的小精灵呀！我真羡慕它们。我好想变成一朵雪花，从天空中飘飘悠悠地落下来。"多么富有诗意的想法！那边几个同学在打雪仗，我忍不住也加入进去。我们一起在雪地里跑啊、跳啊，追逐着、打闹着，全然没有了师生间的距离。我第一次看到学生们的笑容是那么灿烂，声音是那么响亮。那一刻，他们和我一样，内心是快乐的、舒畅的。我想，我们收获的，不仅仅是快乐，还有师生之间情感的共鸣，更有鲜活的生活体验。我庆幸，在这节课上，我留住了童心，得到了和学生心灵相通的快乐。

李镇西老师把童心视为师爱之源，我非常赞同。虽然随着岁月的流逝，我们不可避免地会在年龄上与学生拉开距离，但我们应努力使自己与学生的情感保持一致，学会用儿童的眼睛去观察、用儿童的耳朵去倾听、用儿童的兴趣去探寻、用儿童的情感去热爱。

保持一颗童心，需要我们以平等地、真诚地去面对学生。教师和学生之间不是教与学的关系，而应是互学互长。有些老师在学生面前表现出高深莫测、凛然不可侵犯的"派头"。李镇西老师说得对：这不是尊严，而是威严。

这不由得让我想起了一件小事。

那天下课后，我意犹未尽地走出了教室。这节课我自我感觉上得很成功，学生们今天的表现出乎意料的好，特别踊跃、特别积极。

"老师，您今天是不是有什么喜事呀？"回头一望，是调皮的小班长。她笑着说："我发现您从开始上课就一直面带微笑，您笑起来真好看，您每天都这样该多好。"我一听，不由得停下了脚步，"我哪有什么喜事呀，是因为你们表现得好，所以老师才高兴。""不对，是因为您高兴，我们才轻松，敢大胆地说话。有时您那么严肃，我们都害怕说错了，所以就不敢举手。"说完，小家伙调皮地吐了吐舌头。我心中窃喜：感谢李镇西老师为我指点迷津，让我学会了以真诚换真诚，以童心感染童心，让我的课堂轻松愉悦，让师生关系融洽，让教学更加完美！反思自己以前的表现，要么板着脸一本正经地讲课，要么就把因学生表现不佳而带来的坏情绪带到课堂上。在这样的情况下，学生怎能不紧张呢？

有了童心，就会有爱心。童心和爱心是智慧的源泉，是情感的相通相融，更是我们的教育事业永葆青春的秘诀！

胶州市北京路小学　刘金娟

正面管教，育人有方
——读《正面管教》有感

孩子只有在一种和善而坚定的气氛中，才能培养出自律、责任感、合作以及自己解决问题的能力，才能学会使他们受益终身的社会技能和生活技能，才能取得良好的学业成绩。运用正面管教方法可以使孩子获得这种能力。这是我读了美国教育家简·尼尔森的《正面管教》一书最深刻的认识。

一、和善而坚定

学生成长过程中不可能不出现问题，当出现问题时，就需要教师和善而坚定。我想最先需要的是沟通，和善地了解他们的想法，并坚定地指出问题与后果，正如书中所说，当孩子有机会选择时，就会感受到自己的力量。我们要给学生选择自主权，这样其价值感才能被激发，他们才能积极配合、主动执行。要尊重学生，更多着眼于他们的优点，这才是一种有爱、有温度的教育。

二、透过现象看本质

寻求过度关注的错误观念：只有在得到老师的关注时，才有归属感。寻求权利的错误观念：只有当自己说了算或至少不能由老师发号施令时，才有归属感。报复的错误观念：得不到归属感，但至少能让老师同样受到伤害。自暴自弃的错误观念：不可能会成功，放弃努力。

这几种错误观念其实是学生行为不当的真正的内在原因，也是他们出现问题的根源。作为老师，我们往往只能看到学生问题的表象，而看不到问题的实质，很多问题也不能从根本上得到解决。如果我们能真正解读学生行为背后的原因，也许许多问题我们处理起来就会容易得多，也会更有效。

三、真正的自尊

我相信，如果我们认为自己能够给予学生自尊，实际上就是对学生的一种伤害。学生可能会变成"讨好者"或"总是寻求别人的认可"，他们观察别人的反应来判断自己行为的对错，而不是学会自我评价与内省。这样培养出来的是"他尊"，而不是"自尊"。我们能为学生做的最有益的事情，就是教他们学会自我评价，而不是让他们依赖于别人的评价。

我们应该多看学生的优点，承认学生的进步，并能激励学生继续努力。当学生发生一些不良行为时，可以给他们一个机会去弥补。当学生受到鼓励并做出弥补时，他们就是没有逃脱不良行为的责任。运用鼓励需要把握时机，做到相互尊重，将不良行为转向积极的方面。

总之，书中还有很多原则和方法都值得我去反复研读，比如积极的暂停、犯错是学习的好时机。我将一边学习，一边将它们运用于我的生活和工作中，用正面的和善而坚定的信念教育学生，把有价值的社会技能和生活技能教给他们。

胶州市三里河小学　吕小玲

如何提高说话艺术
——读《如何说，学生才肯学》有感

这本书的突破和创新之处在于，在激励学生进行自我监督、自我约束和热爱学习方面，给出一套切实可行的方法，让学生乐于接受家长和老师对他们施加的影响。全书共八章，反映的都是常见的教育问题，读后我有以下感悟。

一、认同学生情绪的重要性

以前我虽然知道学生是有情绪的，但我从未体谅过他们的情绪，只知道学生错了，就要接受批评，还必须得虚心，否则我就一直说教，直到学生"虚心"接受为止。其实现在想来，学生未必就是真正地接受，也许是不胜其烦地妥协罢了，所谓的"口服心不服"。当我读了本书后，觉得非常对不住学生，更觉得羞愧，因为我根本不是一名有教育智慧和能力的教师。所以现在，当我面对学生的消极情绪时，我总是身同感受地说出他们的感受，并且表示我的理解和接纳，同时我坚决放弃了随意的批评和忠告，而是等学生情绪缓和下来的时候再和他们交流，给出一些适当的建议。每当这时，我发现原来学生改正错误一点儿都不难，而且他们往往能凭借自己的力量很容易地想出解决问题的方法，并且心甘情愿地去实践。

二、惩罚的隐患与培养自律的方法

当学生遭受惩罚时，他会暗下决心以后做"坏事"时要更加小心，而不是更诚实和负责。现在的学生都是家中的"宠儿"，个性都特别强，自尊心也强，对于调皮难管的学生，教师可适当采用一些"惩罚"的手段对学生进行教育，以免影响到其他的学生，然而，要想真正管理好学生，还是应该培养学生自律。现在，我正试着用书中介绍的方法努力唤醒学生的自律意识，并督促他们逐渐形成习惯。

三、吸引学生合作

这就需要使用一些技巧来引导学生合作，创建民主和谐的班级氛围。当出现问题时，我们要用客观的语言描述问题，便于学生认识到自己行为的不当之处，以便及时改正，为自己的行为负责。当我们用提示来帮助学生找到问题所在，而不是狂风暴雨似的"批评指责"时，学生们往往更愿意改变自己的行为。要注意的是，我们在表达自己的感受时要做到：不攻击、不取笑，这样学生更容易倾听并为自己的行为负责。或者，我们可以给学生写纸条，这样会让他们感受到老师的尊重和信任，并回报以尊重和信任。

青岛西海岸新区双语小学　方安娜

做一个忙而有效的班主任
——读《做一个不再瞎忙的班主任》有感

做班主任每天都很忙，每天忙得昏天黑地，但有时效率却很低。如何忙而有效呢？读了梅洪建老师的《做一个不再瞎忙的班主任》这本书，我找到了答案。

一、班主任的正确定位

在这本书中，梅老师首先为我们厘清了一个概念，即班主任对学生的影响远没有我们想象的那样大，甚至可以说"微不足道"。针对这一点，我们不妨回忆一下，在自己的成长过程中，所遇到的老师有多少是留在我们记忆中而无法磨灭的呢？有多少是对我们产生过深远影响的？只怕屈指可数。然而，不重要不代表可以不作为，相反，只有在深刻认识到哪些方面可以有所为、哪些方面无法有所为之后，才能在班主任工作中正确地投入智慧与情感。

梅老师给了班主任一个精准的定位：为学生的健康成长和发展服务。学生成长有其规律，班主任必须顺应这样的规律才能有所为。经常提醒自己客观、理性地看待工作，思考怎样的做法对学生有利，是班主任必须养成的一种思维习惯。梅老师从思想的高度看班主任工作，有高度、视野广、定位准、有的放矢，让班主任工作方向深远，目标明确。要改变学生，先要改变自己。也只有先改变自己，然后才能影响学生。

二、"培育—发展"的理念

明确了班主任的定位之后，梅老师提出了"培育—发展"的理念。所谓"培育"，就是为学生的发展搭建尽可能广阔的可持续发展的平台；而"发展"则是指学生在班主任搭建的平台上充分地舒展自我、学习知识和发展能力。这就需要班主任在工作中把学生发展作为最终目的。

三、搭建动起来的平台

班主任工作需要更多的智慧。面对班级里层出不穷、变化多端的状况，班主任总是疲惫不堪。是否有一种途径，不让班级发生各式各样的状况呢？梅老师给大家支招了。调动学生的主动性、创造力、注意力和发展潜力，让每一个学生时时刻刻、快快乐乐地"动起来"，可以避免出"乱子"。要力争让学生成为班主任的主人。

四、借取多方资源

做一个不再瞎忙的班主任，你也可以。其实，很多时候不是学生变得难"管"了，而是教育者跟不上时代的步伐了。班主任必须懂得借力，也要给家长创设舞台、创造表现机会。

五、用小本子做沟通的大事

梅老师告诉我们，和学生进行交流可以用专门的"小本子"，通过交流，可以发现教育的真谛，解开学生的心结，开发学生的正能量，可以让师生的心贴得更近，集中解决班级事务。小本子让我收获了多颗"真心"，了解了班里的"新鲜事"，收罗了不少的"金点子"。

感谢梅老师传授自己的班主任工作经验。朋友们，阅读本身是无价的，让我们捧起梅老师的这本《做一个不再瞎忙的班主任》，碰撞思维的火花，收获更多的治班方略，努力成为一名优秀的班主任。

胶州市三里河小学　杨君晗

如何从合格走向优秀
——读《从合格班主任到优秀班主任》有感

《从合格班主任到优秀班主任》是一线教师陈宇的著作，全书共六讲，每一讲都自然、真实，我们仿佛能从字里行间读出自己的故事。

一、从混乱到有序

陈宇老师讲了一个例子，有一次学校组织学生外出，前面的班级上车速度很慢，每个人都要先把行李放进行李舱，再挤出人群，从前面排队上车，一个班没有七八分钟上不去。而到了第四个班级的时候，这个班的学生在班主任的指挥下，先走到行李舱门口，把行李放下，直接转向上车，行李舱前留三四个力气大的男生，专门往里边放行李，这样就不会造成很多人挤在行李舱门口的状况。等那边学生都上车了，这边的行李也放得差不多了，最后这几个男生再上车。就这样一个简单的转变，上车的人数还是这么多，却只用了三分钟，从这样一件很小的事情就可以看出有序和无序的差别，再小的事情也有智慧。一个有智慧的班主任，一定是善于动脑筋的，如果把一些常规的事情程序化，就能彻底改变混乱的状况，有时我们不应该怪学生乱，而是要反思教师自身的管理能力，班主任应该在实践中不断思考，逐步将常规事务程序化，通过对学生的引导和训练，帮助他们养成凡事按程序走的习惯，很明显，经过训练的学生和没有经过训练的学生是有很大差别的。

二、"弹钢琴"工作法

工作中要学会"弹钢琴"。弹钢琴要十个指头都动，不能有的动，有的不动。但是，十个指头同时都按下去，那也不成调子。要产生好的音乐，十个指头的动作要有节奏，要互相配合。

这段"'弹钢琴'工作法"的论述，很形象地指出了我们应该如何艺术地处理繁杂工作 —— 既要全面观察，又要重点关注，围绕中心，各项工作要配合好，不能蛮干。人的精力是有限的，需要合理分配，在每一段时间都要有工作的重点，对出现的问题，在处理时也要分先后次序和轻重缓急，等等。

我们需要思考的问题是：为什么有的班主任从早忙到晚，工作也未见得有多少起色，而有的班主任看似不怎么费力，效率却很高？

实践出真知，我们必须学会做常规工作的方法和智慧。这些方法和智慧经过思考和总结，上升到一定理论高度，就可以为以后的工作提供借鉴。

三、不给学生"贴标签"

爱有不同的方式，但是无论用什么方式，爱都是我们内心深处最可贵的情感的呈现。而教师这个职业会比别的职业更需要爱的能力，班主任当久了，我们会积累很多技巧，但有的时候太多的技巧会让我们失去感知学生的能力，更不能想当然地给学生"贴标签"。

四、班风正是班级优秀的关键

陈宇老师在这本书里边说，在学习上培养的最重要的品质是诚信，不应拿自己班的平均分和别的班比，也不应因为学生成绩不好就批评，考试的主要功能是发现学习中的问题，进而解决问题，而不是用分数来评价一个学生。给学生讲诚信，是为了树立班级的风气，只有班风正了，这个班级才会有希望。我很认同他的这个观点，我觉着班风就是班级的灵魂，只有班风正了，班级成绩才能提高。

一本好书就是一位良师，愿我们都能从书籍里汲取营养，不断进步。

山东师范大学瑞华实验小学　李盛花

用辛勤耕耘沃土，用智慧点亮班级
——读《做最好的班主任》有感

自从第一天踏上三尺讲台起，"班主任"这个称呼便丰富着我的教学生涯：一班之主，任重而道远。虽说风雨一肩挑、甘苦皆品尝，但我还是从辛苦中享受到了幸福，因为与学生相伴的日子里我是充实的，我的生活是丰富多彩的，所以我一直感恩在成长之路上有学生相伴！

暑假里读的第一本书是李镇西老师的《做最好的班主任》，学习着书里的教育理念，我的心中涌动着一种特殊的情愫，越读我的心越是无法平静。

一、心态决定状态

现实中，越来越多的老师已经放弃了当班主任的念头，原因是什么呢？李老师说是因为班主任丧失了幸福感，产生了厌倦感。而厌倦感从何而生呢？主要源于两点：远离学生，拒绝变化。远离学生指不主动了解学生的需求，与学生保持距离；拒绝变化指的是一切都喜欢按经验办事，总希望以不变应万变，或者说总希望学生适应自己，而不是自己去适应已经变化了的学生。学生的变化折射的是社会和时代的变化，不愿跟上社会和时代变化的老师，面对教育难题很容易束手无策。同事之间经常感慨"现在的学生越来越难管"，"生源不好，家庭教育跟不上"，"一代不如一代，想想以前的学生有多好，看看现在这届有多难管"。是学生的问题还是我们自己出了问题？归根结底是教师自己在拒绝变化！社会在飞速发展，现在学生的知识储备所反映的是社会的变化，无论我们对这个变化持何种态度，我们都改变不了什么。那怎样才能做幸福的班主任呢？良好的心态是第一位的。有了良好的心态我们才能以更好的状态投入班主任工作。

二、用师爱赢得学生的心

《做最好的班主任》一书给我的心灵带来的最大震撼就是本书的核心——

师爱。在没有读李老师的书之前，我一直很自信——我是爱学生的。读完这本书我扪心自问：我深爱每一位学生吗？我对学生的爱真的是无怨无悔的吗？李老师让我对这份爱有了更加全新而深刻的理解：爱学生，是要对学生的成长乃至一生负责；爱学生，不单单是欣赏优秀的学生，而是怀着一种责任，把欣赏与期待投向每一个学生；爱学生，不应是对学生的错误严加追究，而是用博大的胸襟宽容学生……历年来，为了良好的班风班纪，我都会严格要求，不放过学生的任何一点错误，觉得这是对学生负责；对于优秀学生的优点总是无限放大，期待越来越多的学生向他们学习……读了这本书后，我知道我错了！班主任仅仅有爱心是不够的，重要的是要把对学生的爱定位在合适的位置上。我们爱学生，但更重要的是爱的方式。我们不能以爱为理由，让学生背负沉重的负担；不能以爱为筹码，让学生感觉到天平的失衡；不能以爱为条件，让学生陷入功利的误区。

李老师把教育事业当成自己的事业，把带给学生一生的幸福当成一生的追求。他对学生付出的是满腔的爱心。在"如何赢得学生的心灵"篇章中，李老师从善待学生的第一次求助、做一个善于倾听的朋友、怎样消除学生的抵触情绪、比机智更重要的是民主等方面全面而细致地让我们了解了走进学生心灵的艺术是满满的师爱。李老师不仅是学生的老师，更是学生的朋友，而且是知心的朋友。正因为他了解学生的心，所以就赢得了教育引导的主动权，同时也赢得了学生对他的尊重。在他和学生之间，我们看不到"代沟"。在今后的工作中我会多试着从学生的角度考虑问题，用"学生的眼光"看待，用"学生的情感"体验，像李老师那样，用真心、爱心、诚心、耐心换取学生纯真的笑容，赢得学生的尊敬和爱戴。高尔基曾说过，谁爱学生，学生就爱谁。只有爱学生的人，才可以教育学生。所以说教育是爱的事业，是博大深沉的爱，也是一种充满智慧的爱。所以，让我们真诚地爱学生吧！

三、激发学生心中"想做好人"的愿望

苏霍姆林斯基曾多次谆谆告诫教育者，不能让儿童那种"成为一个好人"的愿望的火花熄灭，所以我们在教育过程中要努力去激发学生心中"想做好人"的愿望，多学学李老师的"每日九问"。

在"学困生"的转化中"用心灵赢得心灵"是李老师教育的精髓，浮躁的心、生硬的态度永远也不可能换来心与心真诚的沟通。在他的努力下，学生真正地成长，慢慢地进步。在这个过程中，师生关系越来越融洽，长此以往，良

性循环，教育效果也越来越好。

在读李老师的书的过程中，我还有一个深刻的感受，那就是李老师对于苏霍姆林斯基的教育名言简直是如数家珍，对陶行知等老一辈教育家的教育理论也是随手拈来。我想，李老师之所以能在自己的文章中这样自然地引经据典、娓娓道来，正是他长期阅读、积累的结果。"做最好的班主任"其实需要一种平和的心态。所谓"最好"就是"更好"，虽然这个"最好"，也许永远达不到，但一个个"更好"，便汇成了一个人一生的"最好"。我相信，只要做到自省自检、把准方向、不断努力，我们必能成为出色的班主任，使我们的工作和生活充满阳光。

青岛西海岸新区铁山学校　郑玉玲

教育很美好
——读《我就想做班主任》有感

一、由衷地喜欢教育的美好

谈起做班主任，很多人惟恐避之不及，而又有很多人迫于职称晋级的需要，不得不主动申请做班主任，有多少人是真正热爱这个教育中的"苦差事"？

当你不是发自内心地真正热爱，那么不得不做班主任会让你倍加煎熬，不仅会又忙又累又烦，甚至会身心俱疲。想改变现状，有很多方法，其中之一就是可以翻阅一下《我就想做班主任》。于老师的这本书在行云流水般的文字中，将教育的美好和自己对教育的热爱表露无遗，让身为班主任的我，看过之后就像被加满油的汽车、被充满气的气球，动力十足，信心大增。

书中传达出了一种信念：虽然道路很艰难，但是教育很美好，做教师、做班主任是一件很幸福的事。当看到作者与钱桂琴和程宏衍老师的对话实录时，我产生了很深的共鸣。每每学生对我表达敬爱之情、家长对我表达感谢之意，我都倍受鼓舞，并以更多的精力投入班级工作，以更饱满的热情对待学生和家长，将班主任工作进行到底。

二、发现教育的问题

于老师真的是一位有心人，她会通过一些细微的教育小事，思考教育大义；她会让"问题变课题"，让教育变有趣；她会今日事、今日毕，做一个高效的老师；她会19年坚持做家校联系单，12年教育博客保持更新，坚持给学生写信超过40万字，自己制作并印刷学生成长纪念册……在她眼里，教育中的小事、小问题都蕴藏着教育价值，都能挖掘出教育问题，从而变成课题进行研究。书中很多内容都会给班主任们教育启发，不少事例就发生在我们的工作当中，翻看一下，你会找到班级问题的解决之道。

三、由内而外地散发气质的从容

在本书的后记中，于老师分享了她的淡定从容是怎样形成的。细细品读于老师为阿婆写下的《她是天空那朵云》，阿婆漫不经心的话语，实则是人生中的哲理——"再怎么样，也要闻闻花香的"，"吃点花，心里就香了"，"一个人的时候，心里也不会寂寞的，因为可以做很多事情"，"你可以弄个新花样出来了"，"有时候，还是可以变成好事呢。不用着急的"，"别刻意，顺其自然才好"，"急也是这样，不急也是这样，那就不急"……感觉这些话让我怎么看也看不够，一个从容而淡然的老人的形象跃然纸上，我喜欢她这份洒脱与豁达。

当看到"她的宁静、淡然、坚持、热爱生活，深刻地影响着我对待生活的态度"这句话时，我提笔在旁边写下了"生活态度即工作态度"；当我继续看到结尾时，于老师说的教育的态度就是生活的态度时，我忍不住嘴角上扬，有一种与作者心灵相契合的感觉。接着，于老师又写道："若您看到这句话，抬头看看天空那朵云，会心微笑，那么，你和我，就是彼此心意相通的人了。"我欣喜不已，是的，于老师，此刻，我与您是心意相通的。

我自知不能成为像于洁老师这样的名班主任，但是我愿在我的班主任岗位上主动反思、认真学习、积极研究、不断积累，做一个称职的班主任。我会努力地沉静内心，端正态度，任花开花落，任云卷云舒，独享我那份悠然自得的班主任工作，在内心坚定地对自己说："我就想做班主任！"

祝愿更多的同仁们意识到教育的美好，由衷地爱上这份工作！

胶州市第六实验小学　冷晓莉

借力读书　促进成长

一、读书让我找到了自我

我知道读书很重要，但是在我参加工作的前八年里，我并没有真正地读过一本书。直到2020年8月，我有机会进入陈密芝名班主任工作室学习。进入工作室，我发现陈老师是一个爱读书的人，工作室的小伙伴们也都是爱读书的人。在与他们交谈时，他们视野开阔、思维敏捷，我却像只"丑小鸭"什么都不懂，内心十分惶恐，自信心深受打击，不知所措。可是工作室的"七个一"工程给了我方向。

"七个一"工程包括：每周写一篇千字文随笔、每月读一本班主任专业书籍、每学期写一篇万字读书笔记、每学期做一个研究题、每学期围绕课题举行一次主题会、每年发表一篇文章、三年出版一本书（工作室结集出版）。

这七个目标，都指向了专业阅读与教育写作。同时陈老师还向我们推荐了很多有关于班主任工作的书籍。

我们工作室每次活动后都要写体会、谈收获，然后发在群里一起交流学习。看着大家那洋洋洒洒的文字，再看看自己东拼西凑的文字，我感觉无地自容。陈老师对我说："君晗，'读书破万卷'，下笔如有神，你就是读书少了。"陈老师一语中的，点出了我的不足，指引了我努力的方向。

在工作室浓厚的学习氛围中，我逼着自己读书。读第一本书的艰难至今历历在目，虽然内驱力十足，但是在读书过程中也感受到了不少的阻力，让我挣扎不安。一是时间，工作任务是很充实的，尤其是任教主课的班主任，总有源源不断的各种各样的任务要完成，除了备课、上课、批改作业之外，还要面对琐事，很难有属于自己的时间。二是面对的书籍自己不感兴趣，读来枯燥无味，心浮气躁。有时读了半天都不知所云，要么走神，要么犯困。成长是痛苦的，我一再产生了放弃的念头。可是想想自己专业上的匮乏，又不甘心，唯有硬着头皮撑下去。于是，我逼着自己每天必须看十页书，白天看不完，晚上回家看，就这样在矛盾和挣扎中，我读完了第一本书，《做一个不再瞎忙的班主任》。

读完这本书，我收获的不仅仅是书中的知识与经验，更多的是战胜了自己的懒惰，坚定了自己的毅力，赢得了更多自信，养成了读书和做笔记的习惯。后来，在工作室的读书交流活动中，我的发言得到了大家的好评，陈老师和其他小伙伴们都纷纷为我点赞。陈老师说："君晗，你进步了，看来你真的读书了。"得到大家的认可，我有了自信，从那以后，我就给自己制订计划，每月读一本书，坚持写读书笔记和教育随笔。就这样，我发表了第一篇文章《管理有方法 真情最为佳》，填补了我专业成长领域的空白，让我自信倍增，在成长路上找到了自我。

二、读书让班级管理工作踏上了快车道

读书不仅让我找到了自我，还让我的班级管理工作踏上了快车道。

排学生座位是班主任工作中的难题。我会根据学生的高矮、性别等粗略地安排座位，后来会根据学生的学习情况、课堂纪律、小组互助等方面来做调整，我自以为做得很好。魏书生老师在《班主任工作漫谈》这本书中，主张"学生座位自愿组合"。虽说是自愿组合，但也是有条件的，一是要有利于学习，二是要四厢情愿。有利于学习是前提，自愿是遵循了学生的内心，只有小组内的四个成员关系融洽，才能互帮互助并形成学习合力。这体现了对学生的尊重，是对学生内驱力的激发，但是需要班主任长期有耐心的引导和教育。我在排座位时，并没有太多地询问学生的心愿。当我在班级中采用自愿组合这个方法时，学生都很高兴，班内学习热情高涨，同伴关系融洽。（这种排位方法适合高年级学生并且适合在师生共同学习一段时间之后采用）

后来在《做最好的班主任》一书中，李镇西老师介绍的排位原则是"尊重学生，有利学习，小组固定，每周轮换"。方式不同，但与魏书生老师的原则如出一辙。他们均从学生的角度出发，激发学生的内驱力，形成学习合力，是对学生积极性的调动，很有智慧。王晓春老师在《做一个专业的班主任》中，梳理出了按身高排座、按期中和期末的考试成绩排座、男女围式排座法、互助共进式、组员组合式、扇形组座法和全动式七种排位方式，并谈到了这七种排位方式的利弊。这使我更加辩证地看待问题、解决问题。

读书让我对排座位有了新鲜、较系统的认识，也让我在面对学生上课看闲书这一问题上有了新的认识。有一阵，班内的同学疯狂迷恋漫画，都在课上偷偷地看，任课老师也都跟我反映，让我很是头疼，最直接的处理办法就是没收。这时读书又给了我启发。王晓春老师的做法是，先提醒三次，不奏效再收到讲桌上，但下课后还给学生。以此往复，在这个过程中，让学生自己感到自己做错了，并主动改正。王老师认为教师是教育者而不是管理者。不由分说地把书没收当然很爽快，管理效果明显，但是学生失去了一次锻炼自控能力的机会。提醒的办法就是让学生逐渐学会自己控制自己。教育是慢功，应着眼于学生的真实成长。教育应多一份耐心，等待也是一种教育。

专家们的教育智慧是无穷的，教无定法，我们唯有不断学习，不断更新自己的教育理念，才能让班级管理踏上快车道。

两年来的读书经历让我收获了知识、收获了成长。从没有规划，到有规划；从不爱读书，到逼着自己读，再到愿意读；从不爱写、不擅长写，到现在也能多少写点了，这些进步都是潜移默化的，是读书给我的益处。

有人曾说过，读书是最好的投资，不仅对自己，也是对学生。让我们走进书中，遇见更好的自己。老师们，让我们一起读书吧！

胶州市三里河小学　　杨君晗

循序渐进，内外兼修
——第七期全国中小学班主任专业能力提升
高级研修班培训感悟

秋风萧瑟天气凉，草木摇落露为霜。在青岛市陈密芝名班主任工作室的带领下，我有幸参加了第七期全国中小学班主任专业能力提升高级研修班培训。

为期两天的线上学习，我们陆续聆听了陈宇老师的《"潜能生"的转化策略》、朱利文老师的《情绪好的时候，我是最好的我》、高飞老师的《如何利用主题班会，进行有效的班级管理》、张红老师的《以育人为旨归的班主任专业发展与素养提升》、方海东老师的《班级活动的设计原理和实践运用》和朱军老师的《从"活动"到"课程"——谈学科教学与班主任工作的融通》。几位名师分别从转化潜能生、掌控情绪、主题班会、班主任专业发展、班级活动和学科教学的融通等几个方面进行了深入浅出的讲解，让我受益匪浅。

其中，印象最深的是陈老师的《"潜能生"的转化策略》。陈老师从什么是"潜能生",到诊断"潜能生"的"问题",分享了他与学生共同成长过程中的思考。

随后，陈老师将"潜能生"的"问题"进行归类，包括心理问题、价值观问题和道德品质问题。面对各种类型的"问题"，班主任要对自己的工作有清晰明确的定位，那就是发现、协助、保护以及调节学生的情绪。

那作为老师的我们可以做些什么？陈老师指出，诊断学生的问题要给予正确的教育观，需要专业知识和经验，不能凭个人观念或好恶，必要时请教专业人士。我们可以从事情发展的时间长度，以及从与谁有关、与什么事有关的广度去对"问题"溯源，更重要的是深度挖掘"潜能生"的本质需求，再对学生做好"望闻问切"——"望"学生之表现，通过多种渠道多方面"闻"学生之情况，与学生交流聊天"问"学生之心理，"切"入学生之生活。

在班主任专业化的学习之路上，我会一直不断学习、实践，更好地为学生的成长提供服务。

胶州市三里河小学　吕小玲

做思考与行动并行的专业化班主任教师

2021年7月28日，我在线上参加2021年暑假全国中小学班主任专业能力提升研修班的培训活动，聆听了张红教授《班级建设的基本问题与解决策略》的报告。报告从八个方面阐述了班级管理建设的策略层次以及班主任专业成长的脉络，总体来说，要成为一名专业化的班主任就要做到思行合一，即会思考、重实践，做到有规划、有落实。

一、从班级的功能中思考班主任的职责和使命

报告一开始，张教授就对比了新班主任、普通班主任、优秀班主任的工作现状，生动客观地展示了不同班主任在班级管理工作中的重点和工作方式的差别。这些案例，让我一下子就将自己代入其中，心想这说的不就是我自己吗？虽然自己也从事班主任工作近20年了，但是一直采用流程化、规则化的管理方式，并没有真正从学生和班级特点出发，主动开展一些特色管理主题活动，没有进行全面的反思，同时也没有从中体会到"幸福感"。

接着，教授又从班主任与"班"是什么关系、班级的功能与作用、班级的社会学性质分析这三个方面来阐述了班级是什么。这些都让我体会到了班级（课堂）建设应该更具综合性的、专业性的教育活动。班级管理工作更多的是教学生"做人、做事"，帮助学生树立成功的三个信念："我能行（胜任感）""我的贡献有价值，大家需要我（归属感）""我能够以自己的力量做出选择，对发生在我自己身上和我的群体上的事情产生积极影响（自主感）"。班主任要以专业精神和人格魅力将学生凝聚起来，形成一个良性循环的班集体，让学生可以在这个集体中去不断净化和提升自己的心灵。班主任也需要不断地学习、不断地充实自己，使自己的思想逐渐丰富而深刻，可以去感染和辐射周围更多的学生。

二、从"面"到"点"中思考班级建设策略

班主任的日常管理工作很多，也很杂乱。可以将班主任工作分为三个模块：常规管理、班风建设、"潜能生诊疗"。这些都让我更加明确了自己的工作流程，思考并且梳理各个环节中的核心问题，树立无规矩不成方圆的工作理念。同时，也让我深刻理解到在班级管理中，我们每天面对的都是一个个鲜活的个体，在班级管理中光有规矩是不够的，还需要有"爱"和"沟通"，应尝试去读懂每一个学生，建立良好的教育关系。

三、从班级建设的"层次和境界"中思考班主任的专业成长

班级建设可由下而上分为如下五个层次。

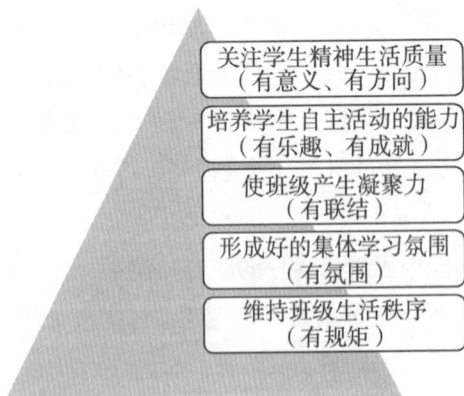

关注学生精神生活质量
（有意义、有方向）

培养学生自主活动的能力
（有乐趣、有成就）

使班级产生凝聚力
（有联结）

形成好的集体学习氛围
（有氛围）

维持班级生活秩序
（有规矩）

图1 班级建设的五个层次

反思近20年的班级管理工作，我仅处于第三层面：班级有一定的凝聚力，学生在班级中可以形成一定的学习氛围，但是缺乏一定的趣味主题活动，无法满足精神生活需求。这就是要求作为班主任的我，积极思考、不断学习，使自己可以从经验型到专长型，进而成长为专业型班主任。只有这样，我才能在较短时间内了解每一个学生的情况，并通过平时的观察，发现学生的需要，结合学生的年龄特点，有选择地进行引导，让学生感受到老师带给他们的快乐，带给他们的心理满足，让他们成为幸福的学生，以此来满足学生的精神追求从而实现班级建设中的第五层次，"照亮他人，升华自己"。

青西新区双语小学　方安娜

风劲帆悬，正是奋斗时
——加入陈密芝名班主任工作室之成长感悟

一、成长需要读书

书籍是心灵的营养品。生活里没有书籍，就好像没有阳光；教学中没有书籍，就好像鸟儿没有翅膀。班主任工作没有书籍，就好像在茫茫的大海中迷失了方向。六年的班主任工作经历，让我深谙读书的重要性。要成为一名合格的班主任，我们不仅需要有爱心、有热情，更需要不断地学习，不断地在实践中反思、提升。

陈老师向我们推荐了诸多全国优秀班主任的教育论著等，让我认识到深耕教育教学理论、钻研班级管理专业知识的重要性与迫切性。从这众多的优秀书籍中，我学到了如何做一个专业的班主任、多样的带班技巧，同时也使我明白，原来班主任也要用专业的思维去工作……

读书，祛除了我班主任工作中的浮躁、迷茫与不解，让我沉浸在文字宁静的世界里，在知识的海洋中我的心灵渐渐丰盈、充实起来。

二、成长需要学习

除了向书本学习，还要向身边的优秀老师学习。想要把工作室的做法、经验等分享给更多的朋友，让大家共同学习受益，就离不开对外的宣传、展示，公众号就是一个极好的窗口，于是我决定学习做公众号。有了想法，我便立刻行动。我请教了负责学校公众号的苏老师，在其耐心细致地讲解、示范之后，我想要一展身手时却傻了眼，真正地理解了什么是"眼睛会了，手不会"，些许的尴尬涌上心头。俗话说得好，好记性不如烂笔头，幸好在请教苏老师的时候，我把一些重要信息记录在了笔记本上，我一边摸索回忆，一边翻看笔记，电话咨询苏老师，历经波折才有了公众号首秀的雏形。就这样，在大家的互帮互助下，我跌跌撞撞地完成了工作室公众号的首次制作。

三、成长需要名师引领

陈老师是一个有人格魅力的优秀导师，她是那样的真诚热情、乐于助人，那样的富有创新意识和创造能力，那样的乐观开朗、振奋豁达，那样的目标明确、善于自律，那样的喜欢阅读、喜欢教育工作。

陈老师教给我如何与学生相处，过一种幸福完整的教育生活；如何与家长沟通，形成家校合力；如何开展班队会活动，将活动开展到学生心中，真正地让知识落地生根等。她对我的影响不仅仅在于班主任工作方面，还有气质内涵的感染、精神毅力的熏陶。她经常赠予我书籍，为我的精神学习领航，也会为我推荐书籍，丰富知识内涵。她还会手把手地教我写文章，为我写好的文稿修改润色，不厌其烦。在这过程中，我收获的是感动，收获的是成长，同时也感觉到自己要学的东西还有很多。希望我能成为一个不断学习、不断进步的好学生，努力成为陈老师的好徒弟。遇到陈老师并加入工作室是一件幸事。

四、成长需要知行合一

通过培训、阅读等多种途径的学习，我将班级管理的金点子用到班级工作中，用理论指导实践，提高班级管理水平。我认真上好每一节班会课，以年级确定的主题为主，课前做好充足的准备，并借学校组织活动之机，培养学生团结向上、珍惜荣誉的优秀品质，提高班级凝聚力。实践决定理论，实践是理论的来源，两者相辅相成，缺一不可。

五、成长需要融会贯通

工作室成员之间的相互交流也让我受益良多。积极认真是玉玲姐的风格，她总能第一时间落实陈老师的教诲，工作做得有声有色。严谨扎实是晓莉姐的特点，她的语言总是那么优美，她是工作的有心人。幽默风趣是盛花姐的语言，她的话总能说到人的心窝里，让人回味无穷。活学活用是小玲姐的长处，她总有新奇的点子冒出来，让人耳目一新。洪媛姐有一双会发现的眼睛，总能捕捉班级每一个学生的变化，给予引导，是学生的"好妈妈"。润红姐总是那么温婉优雅，有独特的人格魅力。安娜姐有热情、有情怀，对教育有一颗炙热的心。大家都有自己独特的风格，是我学之不尽的源泉。

风劲帆悬，正是奋斗时。我将抓住学习契机，不断学习、不断探索，收获幸福的教育生活。

胶州市三里河小学　杨君晗

好的平台成就更好的自己

充实的学习时光总是过得飞快，转眼间，加入陈密芝青岛名班主任工作室已有两年。回首成长之路，我有收获，也有成长。

忙碌且琐碎的事务性工作是我成长之路的第一个"拦路虎"。工作室主持人陈老师告诉我们，每个人都有繁忙的工作，真正想学习的人是会挤出时间来的，她无论有多忙，每天都坚持读书，至少十分钟，而每到周末和假期就会整理材料。日积月累的坚持才能有收获，工作忙碌不是停止学习的理由。

惰性是我成长之路的第二个"拦路虎"。很多人懂得学习的重要性，也知道坚持的意义，可是积极上进的理性往往被贪图安逸的惰性打败，让人囿于一隅，故步自封，我也不例外。因此，我很庆幸加入工作室，在陈老师的带领和督促之下，读书、反思、学习、成长……

加入工作室以来，我增加了专业书籍的阅读，管理班级时不再仅靠以往的经验，而是不断地从专家的"活水"中汲取智慧和力量。加入工作室以来，我有了更多参与培训的机会，虽然受疫情的影响无法参与线下培训，但是工作室给我们提供了很多线上培训的机会，有机会学习来自全国各地名班主任的新理念和新方法。加入工作室以来，我开始系统地进行工作反思，虽然与名师和名班主任还有很大的差距，但是，我已经形成了主动记录和整理教学素材的好习惯。加入工作室以来，我对班级工作的开展有了规划和系统的安排，有条理的班级活动让学生心更静、心更齐、心更暖。

在陈密芝名班主任工作室这个优质的平台上，我的工作能力得到了提升，专业水平得到了提高，任教班级和学生也得到了更好、更全面的发展。

　　"工欲善其事，必先利其器。"要想胜任班主任工作，必须不断学习，让自己的班级管理这门"技术"更加娴熟。我将继续沉下心来、俯下身来，借助工作室这个好的学习平台，不断打磨自己，不断提升业务水平，不忘教育初心，不负莘莘学子。

胶州市第六实验小学　冷晓莉

后记　教育是一首诗

教育是什么？

教育是初春的一抹新绿，渲染了我们满腔的激情；教育是一张张纯真的笑脸，热闹了缤纷的校园。

教育是什么？

教育是一首韵在骨子里的诗，是师生共同勾勒的画卷。

美，在教育诗篇里流淌。

书香飘逸的教室里，晨光萌动，我们和学生开始了探索之旅。"相约书香，共同成长"，这是我们和学生的约定；"老师，我们在文字里等您"，这是学生发给我们的请束。徜徉在知识的百花园里，沐竹青梅韵，赏云蒸霞蔚，在思想的流光里，在心灵的交融里，品味学习的幸福。

我们一起聆听《高山流水》，在《月光曲》中共话成长……那间教室，成了我们一起放飞梦想、心灵对话的乐园。我们的过往记录在文字里，连缀成一个又一个故事。山是水的故事，云是风的故事，学生就是我们的故事，我们也是他们的故事。透过灵动的文字，我们看到梦想在童心中绽放，童心在教育诗篇里荡漾。

每一个学生都是一粒独特的种子，儿童世界是一个特殊的世界。走到学生中间，每一刻，奔走在自己的热爱里，我们也变成了孩子。生活即课堂，何处不教育。当我们带着童心进行教育时，那教育定然是温婉而饱满的。

"有很多我们需要的东西是可以等待的／儿童却不能等待／他的骨骼在不断形成／他在不断地造血／他的大脑在不断发育／对于他／我们不能说明天／他的名字叫今天。"是的，童年错过的难以弥补，作为教育者，我们要立即行动起来，带领学生一起向前去！

陈密芝

2022年1月